1

Iacopo Nappini

Memoria e confine
VIAGGIO NEL MONDO DELLA SCUOLA
Con appunti di confine di Francesca Naldini

Indice

Capitolo quarto

APPUNTI DI CONFINE   di Francesca Naldini

A Marco Ceccanti, decano degli studi di latino e italiano dell'istituto Russell-Newton di Scandicci, fine archeologo di saperi antichi e moderni e maestro per i suoi discenti.

Memoria e confine
Viaggio nel mondo della scuola

Presentazione

Con notevole lucidità l'autore tratteggia sia elementi politico-sociali che le "tappe storiche" che hanno portato alla costituzione dell'universo scolastico che stiamo attualmente sperimentando.

Un linguaggio chiaro ma specialistico, diretto ma capace di ritrasmettere i risultati di un'analisi approfondita, permette di rendere conto di cause originarie e motivazioni delle dissennate scelte che hanno portato da una parte al caos attuale, dall'altra all'applicazione del piano premeditato e organizzato in atto per lo smantellamento e il ricondizionamento finalizzato della scuola (un tempo) pubblica. Così, passo dopo passo, vengono delineati gli elementi costitutivi del ruolo dell'insegnante e del senso dell'insegnamento, della finora irredimibile precarietà nella quale versa una parte vergognosamente consistente della classe docente (e quindi degli studenti), la situazione storico-memorialistica della realtà scolastica nel primo e nel secondo dopoguerra. Il testo offre una riflessione sulle varie cosiddette "riforme scolastiche" che tratteggiano la situazione della terza rivoluzione industriale anche riguardo al rapporto che si è instaurato tra scuola e genitori/famiglie; l'analisi dei fatti storici risulta utile per comprendere il ruolo assunto e il ruolo che dovrebbero assumere, socialmente e culturalmente, il docente e lo studente, (quest'ultimo, ormai,"utente" e appetibile "consumatore").

La denuncia operata attraverso queste pagine smaschera dunque le finalità proposte con l'applicazione del modello imitativo offerto dal "pacchetto educativo" nordamericano: "L'accesso alla scuola da parte della pubblicità è forse il vero affare di questo processo di privatizzazione", viene infatti giustamente sottolineato.

Come si diceva, particolare attenzione viene riservata, nel corso della trattazione, al rapporto che storicamente si è determinato nella triangolazione genitori-figli-docenti, e che è stato basilare nella costituzione dell'attuale "stato delle cose": proprio a questo livello l'autore riesce a focalizzare punti nevralgici di cause e conseguenze della situazione scolastica come "specchio sociale" e come strumento possibile, anzi doveroso, dopo una presa di coscienza e di responsabilità, per una riforma sociale che proprio dal campo dell'istruzione e della cultura prenda forze e finalità. (*Massimo Seriacopi*)

Introduzione

Ritornare alle origini, provare a risalire la catena degli eventi, scrutare il cambiamento di mentalità e di costumi, osservare in un colpo d'occhio e per mezzo di poche righe le trasformazioni culturali decennali su cui riposa l'attualità del sistema.

"Memoria e confine" di Iacopo Nappini propone proprio questo: un viaggio nel mondo della scuola e della società a partire da lontano, con l'intento di ripercorrere le varie tappe che dai primi anni del dopoguerra ci hanno portato alla quotidiana realtà di oggi, la realtà di una scuola e di una società che vivono pesantemente i conflitti e le contraddizioni dell'ideologia liberista che ne caratterizza forma e contenuti. Abbozzare, o comunque descrivere, una possibile origine dei fatti inquietanti e delle trasformazioni che scuotono la scuola odierna in Italia può altresì rivelarsi utile per orientare il pensiero e possibilmente agire in senso politico e sindacale. In particolare per chi lavora nel settore, studia o, comunque sia, è in relazione con la realtà della scuola, emerge infatti la necessità di non sentire l'incessante divenire di questa realtà come qualcosa di casuale e di assurdo, quasi un cattivo tiro giocato dal destino.

Un viaggio della memoria dunque, in cui s'intrecciano e si fondono diverse linee d'indagine, ed in cui la realtà di ieri si contrappone ai problemi di oggi e della post-modernità, sullo sfondo delle trasformazioni sociali che nel tempo hanno radicalmente modificato i rapporti tra individui, e quelli tra individui ed istituzioni, facendo emergere in modo sempre crescente una dimensione individualistica ispirata e fondata sul modello di vita occidentale e sull'egemonia dell'*American way of life*. Partendo dal concetto stesso di insegnamento così come sviluppatosi nel Settecento e legato alla filosofia riformatrice dell'Illuminismo, il racconto dell'evoluzione del sistema scuola in Italia si snoda attraverso vari passaggi, parallelamente ad una rappresentazione degli eventi storico-politici che hanno contrassegnato fino ad oggi i conflitti sociali, economici e le mutazioni antropologiche della nostra società, e con uno sguardo a quello che è il sistema educativo nel mondo anglosassone e americano. E' un viaggio che inizia negli anni del fascismo con la rappresentazione di una scuola tempio del sapere d'impronta nazionalista, vincolata al ricordo della grande Guerra ed espressione di stratificazioni sociali e di propaganda patriottica, e prosegue nel secondo dopoguerra e negli anni della Prima Repubblica, anni in cui con il boom economico e l'avvento della società dei consumi, la scuola diventa anche un'occasione di riscatto morale.

Quindi dalla stagione del centrosinistra ai decreti delegati, dalla scuola dell'autonomia fino alle contraddizioni ed alle incongruenze della Buona scuola, il percorso si completa con l'analisi delle varie riforme che si sono susseguite negli ultimi decenni.

Riforme inadeguate, improvvisate ed espressione di scelte politiche demagogiche, che ancora una volta mettono in evidenza quanto la mancanza di un reale e coerente progetto abbia contribuito nel tempo non solo al progressivo decadimento del sistema istruzione, ma anche alla conseguente ed inevitabile svalutazione del ruolo del docente sempre meno educatore alla libertà di pensiero e sempre più soggetto ai condizionamenti di una visione aziendalistica dell'istituzione scolastica.

Costretto ad operare in un contesto in cui l'unico obbiettivo appare quello di offrire nient'altro che una patina di efficienza commerciale ed un linguaggio d'impresa, il docente ha ormai perso di vista la dimensione ideale e profetica del proprio lavoro che non è più ciò che dovrebbe essere: porsi domande, creare e costruire percorsi educativi e d'insegnamento.

A tal proposito appare chiaro da parte dell'autore l'intento di offrire il proprio punto di vista nell'ottica di chi vive direttamente in prima persona le dinamiche di una comunità scolastica, e si ritrova a sperimentare giorno per giorno i disagi e le difficoltà legate alla propria dimensione professionale, nel contesto della precarietà di un presente inesorabilmente avviato verso una inevitabile crisi di sistema. *"Agire in senso efficace sul piano politico e sindacale in questo settore,"* afferma Iacopo Nappini, *"vuol dire anche possedere una visione del possibile futuro e delle origini dei fenomeni presenti. Senza un pensiero in grado almeno d'intuire la complessità della pubblica istruzione il pensare e l'agire non potranno andare oltre la definizione di questo o quel problema e la soluzione di qualche questione particolare. Perfino l'indignazione ha bisogno di metodo per esser qualcosa di più di uno spavento o di una meraviglia".*

La deriva individualistica del nostro tempo, in cui non esistono più miti ed eroi, ed in cui tutto è confinato nel tempo del presente e nello spazio del privato, emerge con forza nelle riflessioni di chi scrive come uno degli aspetti più rappresentativi e qualificanti della nostra realtà contemporanea, ponendo seri interrogativi su quello che è oggi un mondo dominato dal Dio denaro e dalla ricerca di piaceri immediati momentanei e fugaci, e privo invece di una cultura collettiva fatta di storia, memoria, tradizioni, ideali, passioni e valori condivisi. Il mondo dei mass media, quello della pubblicità e dell'intrattenimento, lo spettacolo, la tecnologia ed i consumi sono diventati la chiave d'accesso al nostro quotidiano ed alla nostra visione del mondo. Un "paese dei balocchi" che stuzzica il narcisismo e l'incoscienza dei consumatori, e che ha spesso la pretesa d'esser cultura, informazione ed anche politica, attraverso una manipolazione tanto visibile quanto naturale.

Evidenti, inevitabili, nefasti i condizionamenti e gli effetti sul piano culturale e quindi anche sul sistema scolastico ed educativo.

In tale contesto di dissoluzione della socialità e della collettività si pone d'obbligo l'invito ad una presa di coscienza e ad una riflessione.

Quale futuro per una società che si rivela incapace di reinventarsi, ripensare e fare evolvere se stessa? Quali prospettive per una scuola che appare ogni giorno di più una scuola di confine, fondata e costruita sul modello di una società di mercato e sulla logica di uno studente cliente e consumatore?

Lontana ed irraggiungibile sembra essere oggi la possibilità di ricostruire una società in grado di recuperare strutture etiche, politiche e psicologiche che già da tempo non esistono più; e ancora più difficile, forse, appare il ritorno ad una scuola che possa essere espressione e motore di crescita culturale e morale e di ascesa sociale. *(Emme)*

Capitolo primo

Immagine e Forma del Quotidiano

1. L'immaginario collettivo dei consumi e della pubblicità

"Per meno di 10.000 dollari non ci alziamo nemmeno dal letto". Questa frase è stata universalmente attribuita alla top model Linda Evangelista[1], e sembra sia stata pronunciata nel periodo di maggior visibilità e successo delle bellissime da sfilata di moda, ossia negli anni Novanta. Questa frase può esser letta come la caratterizzazione di un momento nella storia umana in cui il denaro, il successo individuale, l'aspetto esteriore e l'ostentazione della ricchezza sono stati universalmente presi come misura per tutti i tipi di relazione fra esseri umani. Complice di questa trasformazione antropologica il disfarsi delle ideologie del passato anche in conseguenza del crollo del muro di Berlino. Questa declinazione spettacolare e materialista delle prospettive dell'umanità nel nuovo millennio appena iniziato si è attenuata ma non ha smesso di essere la guida e il metro delle ordinarie azioni umane nei paesi industrializzati o in via d'industrializzazione. La pubblicità commerciale, che è ormai la

---

[1] La frase della bellissima top model, è datata 1990: questa la sua forma originaria:"*We don't wake up for less than $10,000 a day*". Si tratta di una frase simbolica che segna il momento in cui le ideologie si spengono e rimane solo come prospettiva universale per gli umani il successo, la fama e l'arricchimento personale, inoltre le bellissime incarnarono un modello femminile di bellezza e perfezione estetica
https://it.wikipedia.org/wiki/Top_model.
http://www.ilmessaggero.it/moda/agenda/linda_evangelista_50_anni_10mila_dollari10442 78.html

maggior parte dell'immaginario collettivo, dà i riferimenti e le norme dei nuovi valori e del senso della vita. Questa pedagogia di massa consumista e materialista tende a vedere il senso della vita come un calcolo, spesso poco preciso, dei costi sostenuti, dei profitti realizzati e dei piaceri ottenuti basandosi su un concetto che per la maggior parte della popolazione del Belpaese è la misura di ciò che comunemente è chiamato bene o male.

Da diversi anni l'Italia affronta la maturità della terza rivoluzione industriale[2], periodo in cui i saperi vengono messi in discussione e le capacità, non solo fisiche ma anche culturali e tecniche, del lavoratore devono essere ripensate alla luce delle trasformazioni in atto. Dopo decenni di retorica e di discorsi ideologici la situazione del mondo del lavoro, incluso quello intellettuale, si presenta nel Belpaese sotto le direttive di un mercato svincolato da responsabilità sociali e comunitarie. Il concetto neoliberale di "Mercato", a ben vedere, è un fatto ideologico, più che un luogo fisico o un fenomeno, ed in quanto tale riconosce solo le logiche del capitalismo[3]. Esso si avvale di mezzi nuovissimi ma sempre si manifesta con la solita impronta darwiniana. Paradossalmente è proprio la debolezza intrinseca delle attuali organizzazioni politiche, ormai senza seguito di massa e senza ideologie ma di fatto

---

[2] J. Rifkin, *La fine del lavoro, il declino della forza lavoro globale e l'avvento*, Baldini e Castoldi, Milano, 1995. Intorno agli effetti del post-fordismo e del neo-liberismo sulla scuola cfr. Gill Helsby, *Come cambia il lavoro degli insegnanti, bilancio della riforma scolastica in Gran Bretagna*, (trad. it. Luisa Pottini, Anna Wittle, Fabrizio Bientesi), LibriLiberi, Firenze, 2002, pp.8-28

[3] Sulla natura ideologica e non storica o naturale di questo presente capitalismo si rimanda alla nota frase del filosofo Diego Fusaro che descrive questi anni in cui è dominante il "pensiero Unico" neoliberale come *"...l'epoca più ideologica dell'intera razza umana.*
Cfr. Diego Fusaro, *Fichte e l'anarchia del commercio, Genesi e sviluppo del concetto di "Stato chiuso"*, Il Melangolo, Genova, 2014, pag.137

sottomesse al potere finanziario internazionale, ad avere limitato le distruzioni creative del mercato. Per debolezza di volontà e mancanza di organizzazione le forze politiche, in molte nazioni d'Europa e in Italia, hanno lasciato a livello di legislazione alcune garanzie minime per coloro che vendono la loro forza-lavoro.

La mancanza di partiti politici forti e organizzati in grado di controllare le masse di elettori-consumatori ha inoltre ridotto la capacità operativa delle diverse riforme tese a ridefinire lavoro e istruzione alla luce delle esigenze dei detentori di capitali. Semplicemente il potere politico era ed è troppo debole per tradurre fino in fondo i desideri e i progetti delle ristrettissime minoranze di ricchissimi che esercitano la loro egemonia sulla piramide sociale.

La casta globalizzata e cosmopolita di supermiliardari controlla i flussi di capitali, ha in mano i mass-media che sono connessi con il potere finanziario e ha una grande influenza sulle politiche delle superpotenze del pianeta e ancor di più sulle potenze regionali.

Ad oggi questi pochi individui e le loro famiglie non sembrano essere in grado di favorire una soluzione, pacifica e concordata con altri, dei gravi squilibri planetari e dei nuovi conflitti.

L'ideologia neoliberale, l'unica allo stato attuale in grado di legittimare il loro enorme potere, ha avuto come esito l'indirizzo di far operare a molti governi e a molte società umane una riduzione della dignità della vita umana al dato economico supportato dalla potenza della tecnologia. Tale riduzione del mezzo, il denaro, a scopo ultimo dell'esistenza ha come naturale accompagnamento il fatto che l'esistenza dei singoli esseri umani non abbia un senso e meno che mai uno scopo. Unica ragione[4] del sistema di civiltà

---

[4] Sul sistema capitalista al tempo delle multinazionali e sui suoi effetti funesti verso le

capitalistico, denominato comunemente "occidentale", è il perpetuare e accrescere le posizioni di privilegio e di enorme ricchezza di piccolissime[5] minoranze. Esse controllano le forme del produrre e del consumare dei diversi popoli e di regola, a parte la sporadica partecipazione ad attività spettacolari di pubblica carità, non si fanno carico dell'interesse collettivo, limitandosi piuttosto a manipolare i media e a controllare a distanza[6] l'attività dei governi.

Il sistema economico e produttivo in questa terza fase della civiltà industriale di per sé non si muove a beneficio di qualche nazione, impero o collettività umana ma rende conto solo ai detentori di capitali e ai loro soci in affari. Esso è programmato per mantenere se stesso, per produrre e moltiplicare capitali da investire in speculazioni, produzioni e commerci, per espandersi anche a danno[7] delle risorse naturali del pianeta e di tutte le specie viventi, incluso l'essere umano. Il male di vivere è quindi proprio di questa fase della civiltà industriale, condizione universale ascrivibile al presente

---

comunità umane. Cfr. Naomi Klein, *No-Logo*, Baldini & Castoldi, Milano, 2001. Bakan Joel, (trad.it Andrea Grechi), *The Corporation, La patologica ricerca del profitto e del potere*, Fandango Libri, Roma, 2004

[5] Un testo del 2003 indica in queste minoranze ristrettissime una specie di nuovo superceto sociale al potere. Cfr. Giulietto Chiesa, Marcello Villari, *Superclan, Chi comanda l'economia mondiale?* Feltrinelli, Milano, 2003, pp.23-39

[6] Un illustre precedente storico del governo indiretto del potere finanziario venne dato da Cosimo de' Medici, e in parte i suoi eredi. Cosimo e i suoi eredi per decenni governarono la Signoria di Firenze attraverso seguaci e attraverso coloro che avevano debiti o rapporti finanziari con la loro illustre casata di banchieri. Cfr. Yves Renouard, *Storia di Firenze*, Remo Sandron Edizioni, 1967, pp.77-85

[7] Sull'estraneità del sistema alle ragioni dell'ecologia e della sopravvivenza delle forme di vita inclusa quella umana cfr. Serge Latouche, *Come sopravvivere allo sviluppo, dalla decolonizzazione dell'immaginario economico alla costruzione di una società alternativa*, Bollati Boringhieri, Torino, 2004 e Vandana Shiva, *Il bene comune della terra*, Feltrinelli, Milano, 2005

modello produttivo e tecnologico che pone le ragioni economiche e finanziarie come liberate da ogni vincolo di natura sociale e umana. L'inizio del XXI secolo si è aperto all'insegna dell'instabilità, delle nuove forme di guerra[8] e di una crescita evidente del disagio sociale e del conflitto politico nei paesi industrializzati e in quelli in procinto di diventarlo. La tendenza in Europa nel quindicennio 2001-2016 è stata quella di contrarre le garanzie sindacali di intere categorie recando evidenti vantaggi in termini contrattuali a quelle piccolissime minoranze formate dai datori di lavoro che hanno la disponibilità d'attingere al capitale finanziario o a cospicue rendite. Di essa si sono fatti portabandiera e paladini personaggi e organizzazioni politiche riconducibili alle forze di centrosinistra, e questa declinazione in senso neo-liberale delle politiche di forze precedentemente schierate in difesa dei lavoratori e dei ceti meno abbienti ha avuto non pochi imitatori anche in Italia.

Un esempio fra i tanti la vicenda del contrastato art.18[9], oggetto prima di mobilitazione epocale per la tutela della sua integrità da parte delle forze di sinistra durante il governo Berlusconi e poi invece messo in discussione sotto i governi Monti e Renzi.

Conseguenza di questa convergenza verso l'unica ideologia del mercato è la dissoluzione delle differenze[10] ideologiche e d'azione

---

[8] Sulle nuove forme di guerra si rimanda all'ottimo saggio *"Alla ricerca di limiti"* del Generale Fabio Mini incluso nel testo che traduce e commenta "Guerra senza limiti" degli strateghi cinesi Qiao Liang e Wang Xiansui. Cfr. Qiao Liang e Wang Xiangsui, *Guerra senza limiti, L'arte della Guerra asimmetrica fra terrorismo e globalizzazione*, Trad. Rossella Bagnardi e Roberta Gefter, (a cura di) Fabio Mini, Bam, Gorizia, 2016

[9] https://it.wikipedia.org/wiki/Articolo_18_dello_statuto_dei_lavoratori

[10] Su questo tema ha dichiarato il professor Preve: *"Viviamo oggi, a mio avviso un tramonto epocale (forse irreversibile, forse no) della dicotomia destra/sinistra. La dicotomia politica che a mio avviso di fatto oggi orienta o dovrebbe orientare non è più quella obsoleta Destra/Sinistra ma quella sostenitori dell'impero americano/avversari*

politica fra forze di destra, sinistra e centro, e di riflesso il moltiplicarsi di forme nuove di mobilitazione sociale e politica non riconducibili agli schieramenti ideologici del secolo appena passato.

Il conflitto fra capitale e lavoro si riflette sulla concezione generale che la società ha di se stessa e sull'autocoscienza dei singoli individui, spesso stritolati psicologicamente dalle nuove parole d'ordine che fanno desiderare beni e servizi di lusso.

In questi ultimi decenni il modello economico dominante a livello mondiale vede quindi una piccolissima minoranza della popolazione nelle condizioni di ottenere guadagni e salari alti e una maggioranza costretta a lavori poco remunerativi caratterizzati dalla precarietà.

Il mondo dei valori e dei riferimenti morali della maggior parte della popolazione, anche in modo inconsapevole, è schiacciato sulle suggestioni della pubblicità commerciale e sul gossip della vita "beata" dei VIP del mondo dello spettacolo e dell'intrattenimento televisivo. Il possesso di beni o la fruizione di servizi destinati, per via del loro costo, alla minoranze di ricchi e di privilegiati diventa oggi il desiderio dei più e talvolta una vera e propria ossessione.

I consumi della fascia alta della società si trasformano nell'unico orizzonte di senso dell'esistenza umana, e quindi il possesso della

---

dell'impero americano. Questa nuova dicotomia taglia diagonalmente lo spazio politico, simbolico e sociale della dicotomia precedente, che si trova di fatto svuotata. Il fatto che questa dicotomia sia svuotata non vuole però dire che sia destinata a tramontare presto. Questa dicotomia,appunto perché falsa ed illusoria, è una risorsa manipolativa ideale ed una protesi eccezionale per strutturare simbolicamente lo spazio politico in condizioni di tramonto della politica come luogo di decisioni strategiche sulla convivenza organizzata dei cittadini. Quanto più la decisione "pubblica" è svuotata e resa marginale dal suo trasferimento"privato"nei grandi centri delle oligarchie finanziarie, tanto più è necessaria la messa in scena teatrale di "orgasmo" simulato fra due formazioni politiche bipolari convergenti nella scelta di fondo" Giano Accame, Costanzo Preve, *Dove va la destra?, Dove va la Sinistra?,*(a cura di) Stefano Boninsegni,Settimo Sigillo,2004, Roma, pp.46-47

ricchezza diventa anche il riferimento della tipologia di beni e servizi che l'essere umano può consumare.

In quest'inizio di millennio, i ceti sociali subordinati subiscono dunque l'eco dello stile di vita lussuoso e apparentemente spensierato delle piccole minoranze di ricchi, e tendono a invidiare[11] o imitare grossolanamente la vita dei VIP. Questa condizione è attualissima in Italia dove le classi sociali negli ultimi venti anni hanno subito una trasformazione radicale[12] a causa della crisi economica, delle politiche neoliberali e dei processi di globalizzazione che hanno allargato la forbice fra ricchi e poveri, determinando la scomparsa della piccola borghesia e della classe operaia. Infatti negli ultimi anni è il reddito a stabilire la collocazione sociale e non più il ruolo o la tipologia d'impiego e meno che mai la cultura borghese o operaia. L'Istat[13] ha nel suo rapporto annuale del 2017 liquidato la questione delle classi sociali proponendo nove gruppi che rappresentano le nuove tipologie determinate dai processi sociali, economici e politici degli ultimi anni. All'interno della partizione della società italiana, la classe dirigente risulta essere il 7% della popolazione. Ed all'interno di

[11] Cfr. http://espresso.repubblica.it/visioni/scienze/2016/09/19/news/e-l-invidia-il-motore-del paese-1.283238
https://www.milleunadonna.it/benessere/articoli/perche-molte-persone-tendono-ad-emulare-i-personaggi-famosi
https://.ilgazzettino.it/blog/passioni_e_solitudini/nuova_epidemia_aggressivita_e_invidia.sociale-2150563.html
https://www.ilfattoquotidiano.it/2014/09/11/ il-capolavoro-di-renzi-linvidia-sociale-trasferita-ai-piani-bassi/1117311/
[12] Cfr. https://www.repubblica.it/economia/2017/05/17/news/rapporto_istat-165634199/
[13] Cfr. https://www.fanpage.it/la-classe-operaia-non-esiste-piu-l-italia-del-2017-e-il-regno della-disuguaglianza/https://www.quotidiano.net/economia/istat-classi-sociali-oggi-1.3120438

questo 7% esiste un 1% che possiede[14] 415 volte il reddito del 20% più povero del paese. Nei fatti questa piccola parte della popolazione, (ma per esser più precisi occorre ammettere che di solito si tratta di famiglie con ruoli di prestigio e patrimoni consolidati da generazioni), detiene il vero potere economico e di riflesso politico. Si aggiunga a questa situazione la nota difficoltà, tipica del Belpaese, di selezionare ed integrare soggetti capaci e meritevoli all'interno dei gruppi dirigenti locali o nazionali. Solitamente è per continuità familiare o per cooptazione in un gruppo di potere[15], e raramente per merito o per correttezza, che vengono selezionati i soggetti destinati a ricoprire ruoli dirigenziali. Questa condizione sociale del Belpaese può essere idealmente visualizzata come una piramide, sulla cui sommità è posto un apice ricoperto d'oro, di cui solo la punta riflette la luce del sole e dà senso esoterico e compimento a tutta la struttura monumentale.

La ricchezza sembra dunque essere diventata l'ultima teologia e l'ultimo Dio. Da queste evidenze deriva che, se in futuro si darà la dissoluzione delle illusioni generate dal Dio-denaro, si apriranno inevitabilmente per miliardi di esseri umani inedite prospettive di vita e di pensiero, e se dalla storia dei millenni si possono trarre delle lezioni, risulta chiaro che la maggior parte di queste prospettive potranno avere solo natura distopica o totalitaria.

In questi anni si sono date visioni e interpretazioni alternative, diverse o perfino ostili alla pervasività della mercificazione di tutti

---

[14] Cfr. https://www.fanpage.it/la-classe-operaia-non-esiste-piu-l-italia-del-2017-e-il-regno-della-disuguaglianza/

[15] Cfr. https://www.ilfattoquotidiano.it/2013/11/10/come-si-diventa-nuova-classe-dirigente in-italia/772219/ https://www.lastampa.it/2017/05/17/vaticaninsider/poca-mobilità-sociale-e-scarse-opportunità-di-lavoro- UORY2Ce4W1BgWUOMP7Xn5K/pagina.html

gli aspetti della vita umana, ma le minoranze che adottano stili di vita eccentrici, alternativi o critici verso la società dei consumi risultano essere poco influenti ai fini del mantenimento e della riproduzione del sistema. Quando sono marginali o quando tendono a chiudersi in piccoli gruppi[16] ideologizzati o sette, esse si rivelano infatti incapaci di avvicinare ai loro ideali la grande massa degli esseri umani favorevoli verso l'ordine costituito e la narrazione che di esso fanno i mass-media.

I processi di trasformazione del cittadino in un mero consumatore indifeso, sfruttato e raggirato provocano dunque notevoli rischi sul piano sociale e gravi sperequazioni economiche.

In tale contesto anche la scuola italiana subisce il metro di giudizio con il quale la maggior parte[17] degli abitanti della penisola affronta la vita quotidiana. L'opera del docente sembra avere oggi come convitato di pietra[18] lo svuotamento di senso dei valori comunitari o nazionali a vantaggio di un vivere ogni giorno regolato dal mercato e da desideri e passioni di natura egoistica e individualistica.

---

[16] Su tale questione è opportuno ricordare quanto ebbe a dichiarare Preve: *"Le forme di vita autosegreganti sono non solo gradite, ma addirittura funzionali e sistemiche per il capitalismo. Le grandi oligarchie finanziarie hanno al loro stipendio falangi universitarie di sociologi e di psicologi, i quali studiano a tempo pieno la natura umana storicamente determinata, e che sanno benissimo che esiste, ed esisterà sempre, una percentuale minoritaria ma significativa dell'insieme sociale che non intende sottomettersi alla norma della produzione flessibile e precaria del consumo di conformismo o prestigio. Si tratta di percentuali statistiche come quelle sul diabete, i tumori o le cardiopatie. La forma di vita alternativa è allora vista come la soluzione migliore rispetto a due soluzioni considerate peggiori, e cioè l'attività eversiva e rivoluzionaria efficace e l'attività criminale di piccola criminalità redistributiva (...)"* Cfr. Giano Accame, Costanzo Preve, *Dove va la destra?, Dove va la Sinistra?*, (a cura di) Stefano Boninsegni, Settimo Sigillo, 2004, Roma, pag.63
[17] Sullo stretto intreccio fra comunicazione-spettacolo-consumi e la sua genesi in Italia si rimanda al capitolo "Consumismo all'Italia", in Giovanni De Luna, *Una politica senza religione*, Einaudi, 2013,Torino.
[18] Sul concetto di convitato di pietra cfr. https://www.youtube.com/watch?v=_lf-lu0yfBU
https:// www.youtube.com/watch?v=CIH65pn45H8

Da qui la difficoltà da parte di chi insegna di trovare da solo le ragioni ultime del proprio lavoro, mentre le critiche sempre più stringenti al sistema scolastico solitamente indicato come inadeguato a soddisfare l'utenza e le aspettative dei singoli come della società, spesso rivelano la loro natura capziosa e la ricerca di un facile capro espiatorio da ostentare a un pubblico poco o male informato che cerca qualcosa su cui sfogare risentimenti, frustrazioni pubbliche e questioni private.

In un sistema in cui lo stipendio o i guadagni del singolo diventano ciò che influisce maggiormente sulla stima e la considerazione, ponendosi perfino come elemento qualificante dell'autostima, anche la figura del docente, per quanto sia delicata la sua posizione di educatore e d'insegnante, non può sottrarsi a questo metro di giudizio[19]. Il docente non ha per sua natura, salvo casi particolari, uno stipendio da fascia alta, e per questo il suo ruolo nella società è comunemente sottostimato e spesso svalutato.

La metamorfosi del cittadino in consumatore pone dunque con forza una riflessione sistematica e propositiva in relazione agli strumenti culturali che un sistema scolastico può fornire ad una popolazione per essere libera e responsabile di se stessa.

Auspicare una scuola pubblica che si faccia carico del problema della libertà di pensiero è una riflessione qualitativamente diversa da

---

[19] Questa mia riflessione si lega a un problema di lungo periodo che è la dipendenza e la sudditanza da modelli culturali e d'organizzazione sociale statunitense e di riflesso inglese. Già nel 2003 Alberoni scriveva: *"In Italia stiamo adottando il modello anglosassone che persegue una altissima specializzazione ed una immediata applicazione pratica, in cui la gente non si domanda il perché delle cose ma solo "come fare""*. Francesco Alberoni, *Se non ci chiediamo il perché delle cose ma solo "Come Fare"*, Corriere della Sera, 7 aprile 2003

quelle che cercano di avvicinare e vincolare la pubblica istruzione alle necessità del "mercato".

2. Necessità e precarietà dell'insegnare

L'insegnamento inteso come scuola per alfabetizzare tutta la popolazione è un concetto sviluppato nel Settecento europeo e legato alle origini della Rivoluzione Industriale e alla filosofia riformatrice dell'Illuminismo. I nuovi sistemi di produzione e la società borghese avevano la necessità di ottemperare a bisogni formativi che non potevano più risolversi nelle vecchie forme.

La trasmissione del mestiere o dei saperi all'interno della famiglia contadina o della bottega artigianale era diventato un limite.

La civiltà industriale era la civiltà dell'orologio, delle macchine, della luce artificiale e dell'innovazione continua delle tecnologie: di conseguenza doveva determinare una sua cultura e una trasmissione di saperi e competenze compatibile con se stessa. Inoltre i detentori del potere politico, di estrazione borghese o di nobile condizione, avevano la necessità di vincolare alla propria visione del mondo e della società le diverse culture particolari della civiltà pre-industriale. La conservazione gerarchica e l'ossequio verso la tradizione ed i vincoli familiari del mondo contadino potevano risultare conflittuali con una civiltà industriale che trovava il suo fondamento nell'innovazione, nella trasformazione continua e nella moltiplicazione dei beni e della ricchezza materiale.

Con l'Età Industriale la "scuola" diventa lo strumento per organizzare, indottrinare al culto della patria, dispensare nozioni utili e dare una direzione all'apprendimento, controllare l'insegnamento, delineare la cultura ufficiale e accademica ed imporre la morale[20] dominante del periodo.

Senza un adeguato sistema scolastico ogni civiltà industriale è destinata a degradarsi rapidamente a causa dei disastri sociali interni ai mutamenti continui che la caratterizzano. Essa deve per sua natura praticare una distruzione creativa e sostituire in continuazione prodotti, macchinari, saperi, tecnologie.

Tali mutazioni continue possono esser ulteriormente aggravate dalla mancanza di valori e linguaggi condivisi e di conseguenza possono produrre disastri.

La figura del docente è quindi una figura di confine fra il libero professionista, l'impiegato statale e il salariato. Quando assolve al suo ruolo ufficiale e impiegatizio, il docente diventa uno degli strumenti della riproduzione della società umana di riferimento e un elemento fra i tanti che compongono i processi economici e produttivi. Un soggetto che risulta dunque necessario[21] al sistema di civiltà industriale, ma che appare al tempo stesso diverso strutturalmente dalle altre categorie del terziario e da quelle che producono beni o servizi.

In questa fase della civiltà industriale caratterizzata dalla presenza massiccia di Mass-Media[22] e di strumenti di comunicazione

---

[20] Cfr. Antonio Cobalti, *Globalizzazione e istruzione*, Il Mulino, Bologna, 2006, pag.33

[21] Si pensi soltanto al rispetto dell'orario e all'appello nelle scuole come prima forma d'educazione ai ritmi del mondo del lavoro e della vita professionale.

[22] *"I mass- media e, in particolare, la televisione hanno rivoluzionato il rapporto che le persone avevano con la trasmissione della cultura, dando alla diffusione e alla circolazione delle conoscenze, nei più disparati campi e livelli, una dimensione mondiale. Tuttavia, questo nuovo sviluppo della trasmissione sembra essere inversamente proporzionale alla capillarità della sua diffusione: le informazioni in pratica vengono ad appiattirsi, omologandosi sulla lunghezza d'onda di notizie, controllate dalle grandi reti di*

informatica che creano nuovi linguaggi, mode e nuovi valori, risulta difficile per l'insegnante calibrare il suo insegnamento e adeguare ad esso il suo rapporto con gli allievi.

Per quanto se ne possa cambiare la forma e sostituire o perfezionare gli strumenti del mestiere, rimane il dato di fatto della difficoltà dell'insegnare e dell'apprendere una disciplina. Il mestiere del docente esige infatti il riferimento a materie disciplinari che hanno un nucleo di saperi non riducibili nella loro complessità.

Nel rapporto fra l'insegnamento del docente e la realtà degli allievi, le difficoltà consistono spesso nel fatto che la positiva riuscita di un progetto educativo dipende dalla capacità del docente di coinvolgere gli allievi, facendo sì che essi percepiscano l'importanza del lavoro che viene fatto per loro e con loro. Le esortazioni al buon senso[23] e al dovere nei confronti dello studio di solito non possono bastare da sole a concretizzare risultati positivi, ed occorrerebbe da parte di famiglie, società civile e discenti la consapevolezza dell'importanza degli anni passati sui banchi per la formazione di se stessi, tenendo presente tra l'altro che esiste una *"dialettica interna al singolo, che lo rende sensibile alla formazione, la quale è anche contemporaneamente una sorta di auto- formazione."[24]*

---

diffusione nazionali e internazionali, sempre più basate sulla suggestione coinvolgente delle immagini." Simonetta Ulivieri, Leonardo Trisciuzzi, *Il bambino televisivo, infanzia e TV tra apprendimento e condizionamento*, Giunti e Lisciana, Petriccione,1993, pag.3.

[23] In effetti se l'insegnante si limita ad imporre agli allievi un percorso educativo sulla base di concetti come " lavora di più" o "devi essere preciso" senza curarsi di comprendere cosa vuol dire per gli allievi il concetto di lavoro o di precisione o a cosa essi lo collegano rischia di trovarsi tagliato fuori dalle logiche che il gruppo di allievi porta avanti. Su questo cfr. .Janice Gibson, *Psicologia per la classe*,La Scuola,Brescia,1986

[24] Franco Cambi, Paolo Orefice (a cura di), *Il processo formativo tra storia e prassi, materiali d'indagine*, Liguori, Napoli, 1997, pag.53

Avendo perduto nel tempo molto del suo status sociale e anche della sua autorevolezza[25], il docente deve necessariamente ricorrere alla sua capacità di comprendere situazioni e problemi, di motivare gli allievi, di capirne gli stili di vita e quindi porre in essere le opportune strategie per raggiungere gli obbiettivi anche attraverso la messa in discussione delle sue certezze, e in qualche caso, la modifica opportunistica del percorso formativo e del programma di lavoro stabilito. Sempre a proposito di motivazioni[26], inoltre, nel rapporto tra chi insegna e chi impara la possibilità di un successo viene meno se la demotivazione di una delle due parti è troppo forte e se dietro la presenza formale non c'è la speranza di una qualche utilità e di dare un senso a ciò che si sta facendo.

Le nuove politiche neoliberali hanno inciso profondamente sull'immagine e sul ruolo dell'insegnante perché hanno imposto nel dibattito politico sulla scuola, attraverso un linguaggio pesantemente ideologico, l'idea che sia utile passare a logiche di mercato e considerare i discenti e le loro famiglie come utenti o, peggio ancora, come consumatori di formazione.

Tali politiche hanno altresì creato un sistema complesso di rapporti che *"vede nel mercato il motore dello sviluppo non solo sotto il profilo economico ma anche sociale"*[27].

---

[25] Sul condizionamento operato dal sistema massmediatico ed economico sulla pubblica istruzione Cfr. Naomi Klein, *No-Logo*, Baldini e Castoldi, Milano, 2001; per lo specifico italiano e in particolare per ciò che riguarda gli insegnanti della scuola media superiore Cfr. Antonio La Penna, *Sulla Scuola,* Laterza, Bari,1999.

[26] La motivazione di docente e discenti è un rapporto complesso in cui entrano in gioco fattori extrascolastici quando non addirittura di carattere sociale o politico. Sul concetto generale cfr: Bonino Silvia (a cura di), *Dizionario di psicologia dello sviluppo*, Einaudi, Torino, 1994, pag. 471.

[27] Cfr. Sabina Siniscalchi, *Gli effetti dell'economia sui minori del Sud del mondo,Valori* 13 nov.2002

Il soggetto ideale per l'industria pubblicitaria risulta essere colui che può esser facilmente influenzato e spinto al consumo di particolari tipi o marche di merci facendo leva sulla sua vanità, sui suoi bisogni o su una personalità poco sviluppata e bisognosa d'uniformarsi alla moda e alle abitudini della massa.

Il lavoro del docente può entrare quindi in conflitto con l'industria della comunicazione pubblicitaria che concepisce il pre-adolescente o l'adolescente come potenziali consumatori e soggetti caratteristici di una nicchia di mercato, magari proprio quella che interessa al cliente dell'agenzia pubblicitaria.

In una società che non ha più scopi, ideali o speranze di carattere collettivo ma persegue solo l'interesse materiale del momento, il dovere del docente riposa solo nella sua coscienza; avendo perduto la possibilità[28] di esercitare un potere realmente autoritario sugli allievi e di persuasione verso le famiglie, il senso del suo lavoro deve esser cercato nella qualità e nella dignità del suo agire quotidiano. Davanti ai genitori, agli allievi, al sistema scolastico egli deve esser consapevole di cosa vuol essere per se stesso e per gli altri. Le immagini e le opinioni possono essere ingannevoli e mutevoli e da questo nasce la comune esperienza della contraddizione fra ciò che si vorrebbe essere una volta in cattedra e il ruolo che si finisce per interpretare sul posto di lavoro.

Del resto non appare possibile delegare ad altri quest'atto di coscienza e autocoscienza verso se stesso e di riflesso verso allievi, famiglie, colleghi. Molti fra i ragazzi e le ragazze dai sedici ai diciannove anni presenti nel triennio dei licei, dimostrano la volontà

---

[28]   Cfr. Antonio La Penna, *Sulla Scuola,* Laterza, Bari, 1999, pp.100-110

di aprirsi alla molteplice complessità della realtà del mondo contemporaneo.

Questa necessità è data dal fatto che la crisi dei valori della società e la potenza enorme dei nuovi media hanno per così dire travolto le pur piccole certezze di soli venti o trenta anni fa.

La consapevolezza di un mondo umano vasto e plurale raggiungibile almeno nel formato virtuale con un cellulare di nuova generazione era ignota alla maggior parte dei liceali di quella generazione nata negli anni Settanta[29] e formatasi fra la fine degli anni Ottanta e i primi anni Novanta; una generazione di passaggio da cui provengono molti docenti immessi nel sistema scolastico nel primo decennio del nuovo secolo. Allora il peso dell'informazione televisiva e di ciò che restava dei partiti tradizionali e delle loro ideologie contava non poco sia su chi si faceva delle domande sia sui pochi che per interesse, per formazione o altruismo si dedicavano alla politica o alle attività sociali.

Oggi, invece, proprio perché sono dominanti nuove tecnologie e nuove modalità di comunicazione attraverso il WEB e i social media, che rappresentano forme nuove e diversificate di socialità e informazione, la tendenza generale sembra essere quella di promuovere l'individualismo e di vincolare la socialità alla comunicazione pubblicitaria o alle diverse forme dell'intrattenimento e dello spettacolo. L'attrazione dei supporti

---

[29] Questa riflessione deriva dalla mia esperienza personale. Nel corso della lezione conclusiva delle lezioni di filosofia della SSIS di Firenze dell'anno accademico 2002-2003 per le scienze umane, classe A037, tenuta dal professor Firrao sono state discusse le diverse esperienze dei tirocinanti le quali tuttavia concordavano su questo punto. Per un quadro generale del rapporto fra critica alla globalizzazione e la gioventù toscana negli anni compresi fra il 2002-2003. Cfr. Emidio Diodato (a cura di), *La Toscana e la globalizzazione dal basso*, Libreria Chiari, Firenze, 2004.

informatici verso ciò che è spettacolare, emotivo, fantasioso, commerciale rappresenta in verità una forma di politicizzazione, la quale non si manifesta in una adesione formale e superficiale a un qualsivoglia partito o sindacato, ma invita a cercare soluzioni pragmatiche e immediate.

Questo comporta una declinazione di carattere individualistico dei problemi sociali e lavorativi e solitamente una partecipazione passiva ai processi politici e sociali in atto, in quanto il modello individualistico dominante limita la volontà di riconoscere i problemi individuali come collettivi e nega la loro natura sociale e politica. L'individualismo e il mito del successo tendono quindi a far percepire al soggetto umano i propri limiti e il proprio disagio come un fatto privato e personale e non come parte di un meccanismo sociale e di redistribuzione delle ricchezze e delle carriere professionali che chiama in causa l'ordine costituito.

Gran parte della comunicazione che passa nei media vecchi e nuovi è spettacolo, intrattenimento, politica spettacolarizzata in varie forme e, sopra ogni altra considerazione, pubblicità commerciale. La componente che potrebbe riferirsi alla cultura e alla formazione è tendenzialmente minoritaria e concerti, documentari, conferenze e affini non sono altro che una piccola parte nella grande massa di comunicazione ed intrattenimento che arriva ogni giorno addosso alla popolazione. Una rapida occhiata alle visualizzazioni di Youtube non potrà che confermare questo giudizio, e a tal proposito è opportuno ricordare il record globale stabilito da Psy, rapper e uomo di spettacolo sudcoreano, che con la sua performance "Gangnam Style"[30] ha superato i due miliardi di contatti, su una

---

[30] Sul caso straordinario del singolo del noto rapper sudcoreano cfr.https:// it.

popolazione planetaria stimata intorno ai sette miliardi di esseri umani.

Tutto ciò rappresenta quindi un ulteriore problema fondante dei nuovi rapporti che oggi legano il lavoro del docente con la realtà, in quanto il sistema scuola non può assumersi l'onere di seguire il ritmo delle trasformazioni senza stravolgere la sua natura, le sue funzioni di servizio pubblico e, in particolare, il suo compito di trasmettere[31] una cultura in diverse aree disciplinari.

In questo contesto di mutazione dei linguaggi e dei canali di comunicazione, la scuola pare essersi messa a rincorrere le trasformazioni culturali e d'interesse degli allievi e delle loro famiglie, ed i licei in particolare sembrano aver subito una nuova concezione di se stessi per ciò che riguarda la formazione e l'istruzione della gioventù.

A questa tendenza si è inoltre aggiunta di recente anche l'alternanza scuola-lavoro fortemente voluta dal potere politico. In questa prospettiva di avvicinamento a una vasta utenza che esprime il bisogno di far coincidere le proprie esigenze con quelle della scuola si può comprendere il moltiplicarsi delle attività scolastiche e l'aumento delle attività pomeridiane.

L'impressione che in generale si trae è tuttavia quella di un dinamismo forzato del sistema scuola, costretto a riempire come se fosse un fluido tutti i recipienti concepiti dal potere politico e dalle pressioni della società civile e delle classi dirigenti imprenditoriali.

Diversi sono stati in quest'inizio di nuovo secolo i provvedimenti

---

wikipedia.org/wiki/Gangnam Style.

[31] Raffaella Semeraro, *La progettazione didattica, Teorie, Metodi, contesti*, Giunti, Firenze, 1999, pp. 2-3.

volti a dare alla pubblica istruzione una patina di efficienza commerciale e un linguaggio d'impresa, ma quello che pare mutato è soprattutto il modo di attribuire senso a quella realtà dell'istruzione superiore che è il liceo; come se il liceo, ed il sistema scolastico in generale, si fossero fatti carico di impegni sociali disattesi dalla collettività[32].

Questa tensione fra la scuola e il mondo dei desideri indotti dalla pubblicità commerciale tende inoltre a svalutare le materie umanistiche le quali dovrebbero invece, per loro natura, ampliare e sviluppare le capacità critiche dei giovani, aiutandoli a pensare e capire la realtà alla luce dello scorrere dei secoli e dei decenni, ad elaborare un giudizio personale, e quindi ad allargare i propri orizzonti culturali e a riconoscersi entro i termini di una storia più grande a livello locale o nazionale.

La specificità di discipline quali la letteratura, la filosofia e la storia dovrebbe inoltre favorire la capacità degli allievi di riconoscere le forme della retorica e della persuasione e di comprendere le forme e i contenuti del linguaggio; sarebbe possibile così attuare una possibile forma di resistenza rispetto ai processi di omologazione culturale e di banalizzazione di fatti complessi, e produrre un pensiero autenticamente libero e in grado di distinguere il bene dal male, il bello dal brutto, il giusto dall'ingiusto, il vero dal falso. Nonostante la marginalità nella quale si collocano le discipline umanistiche nel contemporaneo panorama culturale, tutto questo talvolta avviene e, per la verità, non è esclusiva delle materie umanistiche, anche se l'onere di lavorare sulla libertà di pensiero tocca spesso ai docenti di queste materie. Risulterebbe una gran

---

[32] Cfr. Romei Piero, *Guarire dal Mal di scuola,* La Nuova Italia, Scandicci, 1999, pag. 36.

perdita il declino di questi studi nei licei[33] i quali spesso sono anche piccole glorie culturali delle città in cui hanno la sede.

Riflettere e ripensare intorno al passato della scuola italiana è dunque un modo per non sentirsi estranei al suo meccanismo di metamorfosi attraverso lo scorrere degli anni.

Inoltre per chi vive e lavora in una qualsiasi comunità scolastica è un modo per non sembrare a se stessi, per così dire, esseri che capitano in una realtà segnata dal caso, dall'arbitrio e dal destino. Altresì è proprio il riconoscersi in percorsi che la storia passata "consegna" alla memoria dei singoli come delle comunità ciò che può far comprendere le difficoltà presenti e il loro essere fenomeni umani, assolutamente troppo umani.

3. Il problema: fine del paradigma della rispettabilità

La libertà e l'autonomia delle scelte del docente[34] in questo presente dominato da logiche mercantilistiche, sono oggi e saranno sempre di più nel prossimo futuro sottoposte a forme di limitazione più o

---

[33] Occorre ricordare che molti licei italiani e in particolare quelli collocati in centri storici hanno una loro identità e una loro storia. Alcuni licei custodiscono patrimoni librari e oggetti rari, come il Liceo Dante di Firenze o il Liceo Reale di Lucca e sono parte dell'identità della città di riferimento. Sull'importanza dei licei in generale cfr. Di Luzio Adolfo Scotto, *Il Liceo Classico*, Il Mulino, Bologna, 1999.

[34] Questo problema è controverso. L'esperienza mi ha portato molte evidenze del fatto che fino a pochi anni fa questo problema non era pienamente recepito o era perfino ignorato da molti colleghi. Essi spesso non osservano come le politiche scolastiche prevalenti dal 1999 al 2016 tendono a vincolare la loro libertà e discrezionalità in un sistema di scelte ministeriali e di direttive del dirigente scolastico. Tuttavia segnali in questo senso sono arrivati dalla riforma del sistema inglese delle ispezioni scolastiche rinnovato, peraltro, dalla stagione delle riforme scolastiche del governo laburista di Tony Blair. Cfr. Gill Helsby, *Come cambia il lavoro degli insegnanti, bilancio della riforma scolastica in Gran Bretagna*, (trad. it. Luisa Pottini, Anna Wittle, Fabrizio Bientesi), Libri Liberi, Firenze, 2002.

meno palesi. Le numerose convergenze politiche e ideologiche degli ultimi quindici anni sembrano volgere a un rafforzamento sostanziale e formale del potere dei dirigenti scolastici sul personale docente, ATA e di segreteria in una logica di conferma di una tendenza all'accentramento. Appare evidente la strisciante volontà da parte del potere politico di porre in essere forme di controllo all'insegnamento attraverso una trasformazione della scuola pubblica in senso tanto centralizzato quanto autoritario.

Queste malcelate intenzioni vengono coperte con il richiamarsi a logiche di gestione aziendale che si vorrebbero ispirate a logiche di mercato e di svecchiamento. Troppo spesso da parte di giornalisti, politici e sedicenti esperti in materia di scuola vengono usati in modo sovrabbondante e fantasioso termini e parole tratti dal vocabolario economico con suggestioni in lingua inglese.

Una modalità di ricerca lessicale che porta ad un'interpretazione della scuola come realtà dell'impresa privata, segno forse della volontà condivisa da una pluralità di soggetti politici d'imitare il modello inglese[35]. Una curiosa situazione che sembra essere una sorta di "contrappasso dantesco" per gli ex componenti di movimenti giovanili e partiti di sinistra e centro-sinistra desiderosi di entrare nella "stanza dei bottoni" applicando gli indirizzi, le logiche e le posizioni ideologiche che, a parole, avevano per anni criminalizzato e contrastato.

---

[35] Cfr. Gill Helsby, *Come cambia il lavoro degli insegnanti, bilancio della riforma scolastica in Gran Bretagna*, (trad. it. Luisa Pottini, Anna Wittle, Fabrizio Bientesi), LibriLiberi, Firenze, 2002, pag.XXI, (introduzione). Per una caustica visione del grottesco Neo-liberismo scolastico dei governi di Centro-sinistra si rimanda al libro: Umberto Fiori, *Tutto bene professore,croci e delizie del corpo docente*, Baldini&Castoldi, Milano, 2003.

Il problema della scuola oggi è anche il problema di come vengono considerati coloro che lavorano nella pubblica istruzione.

Formare e preparare un buon insegnante o un buon docente comporta necessariamente una restaurazione della sua figura morale e sociale: evento questo che forse può passare anche da un momento di specializzazione post-laurea che dia nuova e piena dignità alla funzione del docente.

La questione è essenzialmente politica e riguarda una scelta di fondo: assumere uno specialista del settore o scegliere un soggetto che magari ha studiato e deve essere collocato in qualche modo per motivi generali di opportunità politica e sociale? Oppure addirittura ignorare completamente le logiche fin qui seguite e affidarsi alla mano del mercato e alla sua selvaggia selezione senza porre limiti o vincoli?

Poiché gli interventi di riforma sono efficaci solo se supportati da adeguate risorse finanziarie, da un consenso diffuso e trasversale e da una ferma volontà politica, c'è da dubitare che possa venire qualcosa di buono da riforme dettate da emergenze di vario tipo o dalla situazione particolare in cui si trova questa o quella coalizione di governo alle prese con maggioranze parlamentari variabili.

Alla fine degli anni Novanta ed in questo inizio di nuovo millennio, almeno a livello di "ceti politici sedicenti dirigenti", l'egemonia culturale è passata saldamente in mano al pensiero unico neo-liberista e tale indirizzo, sia pure con qualche differenza, è stato ripreso sia dai governi presieduti dal cavalier Silvio Berlusconi, sia dai sedicenti governi di centrosinistra.

Mi preme ricordare in questo scritto, anche per ragioni personali, che in fin dei conti l'istituzione della SSIS era stato il primo tentativo di affrontare il problema della formazione degli insegnanti e di sottrarre al potere politico un peso specifico in materia di reclutamento per mezzo dell'indizione di concorsi, quest'ultimi solitamente oggetto di ricorsi e cause legali. Gli esiti delle SSIS sono stati discussi e criticati e la creazione di queste scuole è stato un modo per gestire un problema non più procrastinabile con soluzioni tampone. Tuttavia l'abbandono di questo modello di reclutamento affidato a una sinergia fra Università e Istituzioni Scolastiche segna un fallimento morale e politico per tutti i soggetti istituzionali che hanno promosso questa soluzione e l'hanno poi abbandonata senza difenderla e senza proporre un pubblico dibattito sulla spinosa questione. Sul buonsenso, in questo inizio di nuovo secolo, pare prevalere la volontà del potere politico[36] di avere la facoltà di indire i concorsi pubblici e di determinare quindi le modalità di reclutamento del corpo docenti. In questo caso una qualsiasi forma di specializzazione universitaria per diventare insegnanti si risolverebbe nella ricerca del modello più efficace per superare la prova concorsuale e avrebbe un tono ben diverso dal percorso oneroso e faticoso di preparazione e formazione post-laurea del corpo docente.

Il professor La Penna, nel suo testo *"Sulla Scuola"*, colloca al primo posto fra gli elementi di crisi della pubblica istruzione in Italia, quella che definisce *"la degradazione della condizione docente"*. In particolare, l'illustre docente universitario punta il dito sugli stipendi bassi, le difficoltà economiche e il conseguente scadimento

---

[36] Alla luce dei due concorsi che si sono svolti sotto il governo Monti e il governo Renzi è lecito affermare che a livello di decisione politica generale si è in presenza di una sostanziale rinuncia al concetto di preparare gli insegnanti attraverso un percorso universitario.

del ruolo sociale. A questi fatti va aggiunto che, in materia di riforme della scuola, il parere degli insegnanti di solito non è preso in considerazione dalla politica che riforma la materia dall'alto in modo demagogico e talvolta estemporaneo. Questo suo libro sembra dunque suggerire al lettore che è finito il paradigma del ruolo della rispettabilità del docente di scuola media superiore; in un mondo in cui contano le nude cifre dell'economia, i docenti sono relegati in basso nella scala della gerarchia sociale, e non interviene a loro favore quel rispetto di cui prima godevano in quanto depositari della cultura della comunità di appartenenza.

Al contrario, alcune tendenze che si sono date negli ultimi anni sono certe, e a tal proposito lo studioso Crivellari[37], nel suo libro sulla crisi del ruolo dei professori, così si esprime: *"Docenti della scuola di fine secolo, quindi, abbandonati a loro stessi dall'amministrazione scolastica e dall'opinione pubblica, consapevoli ormai di una deriva professionale sanabile solo in tempi lunghissimi e attraverso soluzioni e riforme strutturali, si sono consumati nel ricercare un'identità professionale sempre più lontana e un prestigio sociale ed economico sempre meno evidente. Sommersi da richieste che spesso prevaricano il ruolo e incombenze miranti sempre più a burocratizzare la propria funzione, spaventati da riforme che non capivano e a cui non erano preparati, i docenti più anziani si sono rifugiati ancora una volta nella domanda di prepensionamento, reiterando antichi atteggiamenti da "si salvi chi può" mentre i più giovani hanno cercato sfoghi in professioni*

---

[37] Cfr.Crivellari Claudio,*Professori nella scuola di massa,dalla crisi del ruolo alla formazione universitaria,* Armando, Roma, 2004, pag. 36

collaterali più remunerative, destinando alla scuola il minimo tempo indispensabile."

Alla luce delle evidenze finora individuate pare davvero di poter determinare una marginalità dell'immagine pubblica del docente[38] all'interno di questa fase della civiltà industriale, in cui i valori dominanti e il senso della vita sono in stretta relazione con il possesso e il consumo di merci di lusso. Il flusso continuo di messaggi pubblicitari ed inviti all'uniformità di comportamenti e visione del mondo rivolti verso i consumatori si configura oggi come una forma di pedagogia per le masse non dichiarata, ma non per questo meno efficace di quelle che si sono date nel Novecento. Inoltre, mentre nell'immaginario politico e collettivo, concetti come "mobilità" e "flessibilità" sono diventati termini ideologicamente collegati al successo professionale e all'arricchimento, al contrario la figura del docente rimane legata al suo istituto di riferimento e ad una carriera che procede tendenzialmente per anzianità, senza la mobilità che altri impieghi possono offrire.

Scrive a tal proposito il professor Piero Romei sulla realtà quotidiana degli insegnanti: "*Gli insegnanti sono liberi, ma con un'immagine istituzionale e professionale poco definita perciò sono*

---

[38] Costituire una scuola di qualità che armonizzi l'ampliamento dell'offerta formativa e le discipline insegnate è un buon principio e un buon proposito. Non è facile individuare in quale rinnovato contesto sociale questo buon proposito potrebbe prendere forma. Il mestiere del docente non si presta alla seduzione del consumatore o alla nuda vendita di nozioni e informazioni, esso è di gran lunga più complesso. Il docente per ciò che riguarda la sua inclinazione morale potrebbe attenersi alle riflessioni di Max Weber, il quale lo esortava a costringere, e nel caso aiutare, il singolo a rendersi conto del significato ultimo del suo operare per promuovere il dovere, la chiarezza, il senso di responsabilità, tenendo lontana la tentazione dell'abuso.

(sempre meno) apprezzati socialmente. Ad una quasi professione corrisponde un quasi stipendio".[39]

Questa condizione salariale e professionale del docente, proprio perché in contraddizione con gli stereotipi dominanti, può apparire alla pubblica opinione superata e certamente priva di quel dinamismo professionale che in questo presente ha il sapore della selezione naturale. Non sembra del resto possibile in questi anni, anche in presenza di qualche incentivo economico, rovesciare lo stereotipo dominante e fare dei docenti in generale una categoria percepita nel novero di quelle vincenti o interessanti sul piano professionale.

"Un professore senza speranza non è un professore"[40]: anche questa proverbiale frase ad effetto, pronunciata dal glottologo Giacomo Devoto, presenta un luogo comune che ha una sua ragione d'esistere: non essendo più il solo veicolo possibile di trasmissione di saperi, il docente tende a sentirsi superato e senza speranza.

Egli dovrebbe essere in fin dei conti il custode di qualcosa che, all'interno delle sue discipline, deve permanere anche nel divenire incessante della storia umana.

Ed invece il linguaggio oggi dominante nel giornalismo e nella politica, fondato su ardite metafore, tecnicismi di materie economiche e giuridiche, e tanti termini in lingua inglese, un linguaggio che rappresenta anche "la chiave d'accesso alla politica"[41], tende a spiazzare il docente e a depotenziarne il ruolo, mettendo al centro la provvisorietà dei valori e dei saperi e non la

---

[39] Romei Piero, *Guarire dal Mal di scuola,* La Nuova Italia, Scandicci, 1999.
[40] La frase è presa da: Antonio La Penna, *Sulla Scuola,* Laterza, Bari, 1999, pag.104
[41] Cfr. Christian Marazzi, *Il posto dei calzini, la svolta linguistica dell'economia e suoi effetti sulla politica*, Bollati Boringhieri, Torino, 1994

loro certa fondazione. Del resto la terza rivoluzione industriale, determinata a partire dalla seconda metà del Novecento dall'avvento dell'energia nucleare, della robotica e dell'informatica, è la sola e unica realtà con cui oggi tutti i paesi industrializzati si devono misurare. Avere una popolazione e una forza lavoro istruita e preparata è utile per uno Stato che intenda vivere dentro questa terza fase della civiltà industriale,e ciò risulta essere altresì necessario per il pragmatico intento di conservare un'industria bellica all'altezza dei tempi e possedere le condizioni materiali per restare nel numero delle nazioni che sono potenze regionali o globali.

In teoria il ruolo dell'insegnante dovrebbe dunque essere quello di permettere, attraverso le generazioni, la riproduzione di un modello di società proiettata a perpetuare la sua realtà industriale e di civiltà proprio perché l'istruzione e l'innovazione tecnologica sono una delle chiavi del successo di un modello industriale e di una cultura. Tuttavia, l'educazione formale[42] impartita dagli istituti e da un corpo docente qualificato, e determinata da un percorso didattico e da un curricolo scolastico che rendono palesi argomenti ed obbiettivi, e si concludono con un attestato di solito avente valore legale, non è più l'unica forma di educazione in questa società complessa e informatizzata.

La formazione di un giovane, così come anche quella di un adulto sono soggette a fenomeni per i quali la cultura, gli stili di vita, le nozioni si trasmettono anche con una forma di educazione informale; si può parlare pertanto di un vero e proprio sistema di valenze educative che "*agiscono su di noi in quanto consumatori di*

---

[42] Cfr. Paolo Federighi, *Educazione degli adulti*, Franco Cambi, Paolo Orefice, Dario Ragazzini, *I saperi dell'educazione, aree di ricerca e insegnamento universitario*,La Nuova Italia, Firenze, 1999, pp.353-354

prodotti alimentari, televisivi, di vestiario, di servizi pubblici sanitari, di beni di ogni tipo. Il peso di questo fattore è andato ingigantendosi contemporaneamente al passaggio alla società dei consumi che ha attribuito alla gente più tempo e denaro da destinare al consumo di beni. I modi in cui l'azione di consumo di un prodotto attiva processi educativi (o diseducativi) si fondano, generalmente, sul totale occultamento. Le conseguenze di questa situazione non si limitano a una totale esposizione ai contenuti educativi della situazione di consumo, esse si riverberano sulla produzione".[43]

Il caso del "sistema Italia" sembra essere quello di popolazioni di consumatori piuttosto carenti di grandi ambizioni culturali e politiche come del resto di attenzioni a tutto ciò che è ricerca e insegnamento. Inoltre è evidente che il ruolo della cultura scientifica e umanistica all'interno del divenire tumultuoso e continuo della civiltà industriale è un dato di fatto sottostimato e sottovalutato dalle classi dirigenti come, in generale, dalla maggior parte della popolazione del Belpaese. A proposito dei processi di egemonia dei poteri mercantili rispetto alla scuola anche Don Milani[44], più volte nel corso della sua esperienza di prete ed educatore, pose l'accento sul condizionamento operato dai mass-media e dalla società dei consumi sui soggetti facilmente manipolabili.

---

[43]   Cfr. Paolo Federighi, *Educazione degli adulti*, Franco Cambi, Paolo Orefice, Dario Ragazzini, *I saperi dell'educazione, aree di ricerca e insegnamento universitario*, La Nuova Italia, Firenze,1999, p. 360.

[44]   Nel pensiero di Don Milani, la scuola era il luogo ove si formava il senso critico e dove il singolo imparava a reagire ai condizionamenti, sua è la frase:*"Dicesi commerciante colui che cerca di contentare i gusti dei suoi clienti. Dicesi Maestro colui che cerca di contraddire e mutare i gusti dei suoi clienti".* Cfr. Furio Pesci, *L'attivismo Rimosso*, Tirrenia, Torino, 2000, pp.168-169.

Nel periodo compreso tra gli anni Settanta e Ottanta questa capacità di condizionare il grande pubblico e di orientare i suoi pregiudizi si volge contro la figura dell'insegnante che subisce l'ennesima degradazione, forse la più profonda.

Ne viene infatti messa in discussione, a livello di luogo comune e di discorso da bar dello sport, non solo l'onestà morale ma anche il senso del lavoro. Potrebbe essere un dato casuale, ma è dopotutto un fatto piuttosto provato che allo scadimento della posizione sociale del docente e della sua capacità di favorire il riscatto sociale dei ceti sociali disagiati corrisponda in quegli anni la svalutazione della sua figura morale anche nell'immaginario collettivo.

I film ne sono uno specchio.[45] Cinema e televisione ricreano e reinventano la realtà[46] e arrivano a costruire luoghi comuni, immagini e filmati che si trasformano in rappresentazioni simboliche di eventi o fatti.

Questa ricostruzione virtuale del mondo reale è stata, continua ad essere e sarà in futuro in grado di modificare la percezione dei fatti quotidiani, il giudizio, e perfino i pregiudizi della pubblica opinione, perché quando i media si muovono in modo coerente le loro affermazioni, le loro immagini e i loro spettacoli diventano solitamente credenze e pensiero comune.

---

[45] Queste riflessioni sono frutto di una rielaborazione strettamente personale. Per una lettura fra il tragico e il comico intorno alla condizione docente si rimanda al libro di Umberto Fiori, *Tutto bene, professore. Croci e delizie del corpo docente*, Baldini&Castoldi, Milano2003

[46] "... *la televisione (così come tutti gli altri media*" non riflette la realtà ma per così dire *la filtra, la interpreta, la "ricrea", è necessario che lo spettatore sia a conoscenza delle regole attraverso le quali ciò si attua , dato che maggiore sarà la sa competenza, minore sarà la sua fiducia incondizionata rispetto ai messaggi che gli vengono proposti.* Roberta Ponticiello, Susanna Scrivo (a cura di), *Con gli occhi a mandorla, sguardi sul Giappone dei cartoon*, Tunuè, Latina, 2006. p.24

Solo l'evidenza di clamorosi riscontri in senso opposto o una capillare opera di contro informazione possono volgere in dubbio quanto questi potenti mezzi affermano con insistenza e convinzione.

Fu dunque proprio a partire dagli anni Settanta che la figura dell'insegnante risultò particolarmente esposta ai luoghi comuni e a agli stereotipi di carattere ridicolizzante o negativi.

Un segnale di questa situazione si può trovare anche nelle molte battute feroci che ridicolizzavano i docenti in tanti film dalla comicità grottesca e demenziale, e talvolta anche in quelle commedie erotiche all'italiana che attiravano il pubblico al botteghino grazie alle protagoniste femminili[47].

Particolarmente plebee erano le battute del personaggio di Pierino interpretato dall'attore Alvaro Vitali, forse l'unico comico del periodo a non aver ricevuto una totale e acritica rivalutazione.

A titolo di curiosità è utile ricordare che quei film furono un successo tale da suscitare dei film-cloni[48] di pessima lega con altri attori che imitarono malamente il già citato Alvaro Vitali.

In quei film l'insegnante si trasformava in una macchietta, in un personaggio squallido e poco preparato, che si rivelava di solito pieno di frustrazioni e talvolta perfino pazzoide ed era puntualmente circondato da allievi e allieve dediti a prenderlo in giro e a farsi beffa del sistema scolastico.

---

[47] Fra le molte possibilità di trovare esempi chiarificatori intorno a quanto affermato cfr.
https://it.wikipedia.org/wiki/L'insegnante_al_mare_con_tutta_la_classe;
https://it.wikipedia.org/wiki/La_ripetente_fa_l'occhietto_al_preside
Cfr. https://www.youtube.com/watch?v=0Xoa26Sn-MA;
https://www.youtube.com/watch?v=5CL9 rQxsdw
https://www.youtube.com/watch?v=OUrhPAcxK-k&list=RDbEYkjxYj71c&index=8
https://www.youtube.com/watch?v=eGOU4amyLHc
[48] https://www.youtube.com/watch?v=ATC20KTGCkw

Al contrario, un film come "Mio Figlio professore" con Aldo Fabrizi[49], girato nel primo anno del dopoguerra, coglieva in pieno il senso di responsabilità e perfino di riscatto sociale che la figura del docente aveva avuto in passato, ammantandola di suggestioni romantiche o nostalgiche da libro Cuore.

La rappresentazione squallida e grottesca del docente si è mantenuta con qualche attenuazione e aggiornamento anche in film più recenti che chiamano in causa il corpo insegnanti e la scuola in generale. Ma occorre altresì ricordare che il genere di film italiani incentrati sulla scuola o sull'esperienza scolastica non si è limitato solo al grottesco e alla commedia dalla facile battuta. Toni seri e con elementi di critica sui valori e disvalori della società italiana e sulle differenze di ceto sociale che contano e pesano, nella vita di tutti i giorni come sui banchi di scuola, si trovano sia nel film del 2003 "Caterina va in città" del regista Paolo Virzì, sia nella commedia amara del 1998 "Compagni di scuola" del regista Carlo Verdone.

Gli stereotipi demenziali del cinema italiano trovano poi il loro opposto nel crudo e arido realismo del film francese *La classe* (*Entre les murs*)[50] del 2008, diretto da Laurent Cantet e vincitore della Palma d'oro come miglior film al 61° Festival di Cannes.

---

[49] https://it.wikipedia.org/wiki/Mio_figlio_professore
[50] https://it.wikipedia.org/wiki/La_classe_-_Entre_les_murs

Capitolo secondo

Scuola, Memoria e popolo Bambino

Il primo dopoguerra

1. La scuola tempio del sapere

"*VII. Coltiva lo studio e segui con animo grato gli apostoli della scuola*": questa frase è il settimo punto di un decalogo pubblicato nell'annuario di un istituto privato, il "Galileo Galilei" nel 1924[51]. Questo decalogo, opera di un oscuro professore e "dirigente scolastico" del periodo, fa emergere con una punta di grottesco la concezione di "Scuola-Tempio" e dell'insegnante come di un sacerdote del "tempio del sapere e della moralità" investito di un potere sacrale, al di là della concreta e reale marginalità sociale ed economica[52].Una concezione che si legava a visioni d'impronta nazionalista e sciovinista non di rado collegate al ricordo della Grande Guerra; il decalogo si apre infatti con "*Onora la Grande Patria nostra, della quale già tu senti la profonda rinnovata coscienza sorta dal martirio dei suoi figli migliori*".

---

[51] Cfr. *Annuario del Regio Istituto Tecnico Galilei*, 1924-1925. Questa pubblicazione come diverse migliaia del suo genere è reperibile presso la Biblioteca Nazionale Centrale di Firenze.In generale sul rapporto fra guerra, propaganda nazionalista e plagio della gioventù cfr. Antonio Gibelli, *Il popolo bambino, Infanzia e nazione dalla Grande Guerra a Salò*, Einaudi, Torino, 2005
[52] Cfr. Crivellari Claudio, *Professori nella scuola di massa, dalla crisi del ruolo alla formazione universitaria*, Armando, Roma, 2004, pag.12

Proprio la Grande Guerra aveva avuto un ruolo dirompente in Italia[53] perché aveva rivelato l'incapacità politica e le incertezze gestionali delle minoranze al potere negli anni drammatici del conflitto e nello stesso tempo si era data nel paese una situazione prossima all'insurrezione dei ceti popolari a causa dei disastri, dei lutti e delle speranze rivoluzionarie portate dalla guerra. Inoltre molte aspirazioni imperialistiche e nazionalistiche della piccola e media borghesia furono ridimensionate dalla pace di Parigi del 1919 mentre i debiti di guerra contratti dallo Stato Monarchico per sostenere il conflitto erano enormi e avrebbero pesato sugli anni a venire. I dati del censimento[54] del 1911 indicavano per l'Italia una popolazione di 36 milioni di persone, un dato calcolato per eccesso in quanto non considerava coloro che emigravano e non facevano ritorno. Le famiglie italiane erano circa 770.000 con una media di 4,6 persone per famiglia. Coloro che furono impegnati direttamente in guerra come soldati furono circa 4.250.000, e furono 677.000 i morti riconosciuti nel 1926, dopo anni di cifre ufficiali smentite e ricalcolate di nuovo; 100.000 soldati risultarono invece morti nei campi di concentramento perlopiù di fame, fatica e malattia a fronte di circa 600.000 prigionieri di guerra italiani. Il 64% degli orfani erano figli di contadini, che rappresentavano il 58% della popolazione, il 30% erano figli di operai, e solo il 3,3% figli d'imprenditori e commercianti e il 2,7% figli d'impiegati e professionisti. La Grande Guerra aveva pesato in modo enorme su quasi tutte le famiglie italiane che avevano avuto un figlio, un padre,

---

[53] Per una sintetica visione d'insieme dei fatti qui esposti cfr. Marco Palla, *Mussolini e il fascismo*, Giunti, 2000, Prato

[54] Cfr. Antonio Gibelli, *La grande Guerra degli italiani*, Sansoni,Milano,1998,pp.85-89

parenti sotto le armi e in particolar modo, aveva pesato sul mondo contadino e operaio. Era la prima volta che la quasi totalità del popolo italiano condivideva una tragedia collettiva inaudita e di carattere patriottico.

Il conflitto aveva attivato i processi di emancipazione della figura femminile in Italia[55] e nel mondo. Milioni di madri, sorelle, figlie avevano affrontato, spesso da sole, il peso della guerra arrivando a sostituire le funzioni domestiche del padre o del marito, ed erano entrate a lavorare in fabbrica o avevano sostituito gli uomini nel lavoro dei campi o in diversi settori del terziario.

Inoltre numerosissime signore e signorine dei ceti medi si erano mobilitate negli anni del conflitto per mezzo d'attività associative e iniziative caritatevoli determinando una presenza importante del mondo femminile nella vita sociale e pubblica.

Il mondo borghese e patriarcale cittadino come anche il corrispettivo rurale andavano sgretolandosi, come dimostra il fatto che dopo la Grande Guerra era sempre meno probabile che una famiglia del ceto medio desiderasse d'inviare le figlie a una scuola femminile o pensasse di relegare la consorte al ruolo di passivo "Angelo del focolare". In particolare il liceo femminile[56] della durata di tre anni fu il grande fiasco della Riforma Gentile; le donne italiane, anche quelle della borghesia cittadina, avevano come prospettiva quella d'integrarsi in una nascente civiltà industriale italiana che offriva loro alcune prospettive di lavoro e una parziale autonomia dalla famiglia d'origine e dal coniuge.

---

[55] Cfr. Antonio Gibelli, *La grande Guerra degli italiani*,Sansoni, Milano,1998,pp.186-189
[56] https://it.wikipedia.org/wiki/Riforma_Gentile

Il disastro collettivo della Grande Guerra offrì comunque alle classi dirigenti la prima concreta possibilità di fondare un'identità nazionale e rappresentò contemporaneamente l'occasione per l'entrata delle masse operaie e contadine nel contesto della vita politica. Questa irruzione delle masse popolari nella vita pubblica avvenuta attraverso la violenza, la brutalità e il linguaggio della guerra si concretizzò per mezzo dei due partiti di massa: quello popolare cattolico e quello socialista. Entrambi erano stati fondati e sostenuti per contrapporsi alle minoranze liberali al potere fin dalla fondazione dello Stato Unitario. L'aristocrazia e la ricca borghesia industriale si sentivano minacciate, lo spettro della rivoluzione mondiale ad opera dei bolscevichi sovietici era come sospeso sul destino dell'Europa occidentale; i ceti privilegiati erano aspramente criticati dalle opposizioni e nel biennio[57] 1919-1920 vi furono casi di vere e proprie rivolte urbane e durissime proteste contadine.

A questo biennio insurrezionale e rivoluzionario fecero poi seguito nel periodo 1921-22 le feroci repressioni delle opposizioni portate avanti dallo squadrismo fascista con la complicità di interi apparati dello Stato.

Era evidente che la scuola doveva necessariamente passare da un processo di riforma e ridefinizione del suo ruolo: la società italiana era uscita devastata e trasformata dalla Grande Guerra e una scelta di fondo sul ruolo della scuola s'imponeva. Toccò al governo Mussolini, uscito vincitore dalle aspre e sanguinose lotte politiche del primo dopoguerra, farsi promotore e difensore della Riforma Gentile. Per meglio comprendere come la scuola e l'istruzione riflettessero le divisioni della società italiana in classi sociali

---

[57] Cfr. Roberto Bianchi, *Pane, Pace, Terra, il 1919 in Italia*, Odraeck, Roma, 2006

separate per condizioni economiche e titolo di studio, occorre ricordare che nella prima metà del Novecento i professori di liceo provenivano da ceti sociali privilegiati. Costoro, nei limiti del possibile, cercavano di replicarne i valori in un'ottica di difesa di privilegi e di conservazione dell'ordine costituito, anche perché nella maggioranza dei casi[58] condividevano, totalmente o parzialmente, con il resto della piccola e media borghesia l'ideologia nazionalistica dominante e il moralismo.

Tanto erano declamati i benefici insegnamenti della scuola, e tanto era forte la centralità ideologica dell'insegnante-sacerdote, quanto era marginale e piccolo-borghese la sua collocazione.

Pur ricevendo uno stipendio relativamente basso il docente aveva due funzioni: quella di selezionare i pochi che avrebbero proseguito gli studi e quella di confermare le stratificazioni sociali che si presentavano nei diversi livelli d'insegnamento.

Questa funzione determinava una relazione diretta, piuttosto diffusa, fra titolo di studio e condizione economica della famiglia d'origine.

Non a caso le lotte sindacali d'inizio Novecento, le prime in Italia per il rafforzamento economico della categoria degli insegnanti, condotte da Gaetano Salvemini[59], puntarono proprio sulla contraddizione fra i bassi stipendi e il denaro necessario a mantenere quel minimo di decoro che era ritenuto indispensabile per un soggetto socialmente ibrido ma importante per la società.

La scuola-tempio era una scuola che rispecchiava le stratificazioni e le differenze economiche e mirava a conservarle, ed il Culto della

---

[58] Sul conformismo del corpo docente si consiglia al lettore l'ottimo studio di storia locale del prof. Cingari. Cfr. Salvatore Cingari, *Un'ideologia per il ceto dirigente dell'Italia unita:pensiero e politica al Liceo Dante di Firenze (1853-1945)*, Olschki, Firenze, 2012
[59] http://ospitiweb.indire.it/adi/SemNov2007_Atti/Quaranta/Sn7amq_240_primi20anni.htm

Patria sui banchi di scuola nel periodo immediatamente precedente la Marcia su Roma non riusciva neppure a mistificare le differenze sociali e l'antagonismo fra le classi.

Affermò Benedetto Croce, filosofo-ministro d'orientamento liberal-conservatore: *"Noi preferiamo, in fatto di scuola a preferenza di sterminati eserciti di Serse, piccoli eserciti di Ateniesi e Spartani, di quelli che vinsero l'Asia e fondarono la civiltà moderna"*[60]; dietro il "Noi" pronunciato da Croce veniva mostrata la realtà di una scuola realmente per pochi e destinata ad essere pienamente fruita solo dai ceti socialmente più elevati.

La distinzione iniziava dal tipo di scuola che i soggetti potevano permettersi: per la massa le elementari, quando i bilanci comunali potevano pagarle; per i ceti medi le complementari e le tecniche, per i ceti abbienti i licei, ed infine l'università per pochissimi privilegiati.

Occorre ricordare che tanta parte della popolazione del mondo contadino e anche del proletariato e sottoproletariato urbano non arrivava alla quinta elementare ma interrompeva prima il corso di scuola elementare[61], e questo avveniva principalmente per problemi di disagio sociale ed economico.

La scuola-tempio affidò dunque al nazionalismo livellatore e mistificatore di tutte le differenze la sua vera ragion d'essere.

---

[60] Cfr. Ernesto Balducci, Pierluigi Onorato, *Cittadini del Mondo*, Principato, Milano, 1989, pag.189

[61] Sulle difficoltà delle classi dirigenti liberali italiane nell'affrontare il problema dell'istruzione popolare cfr. Ernesto Bosna, *La politica scolastica nel secondo Ottocento*, e Dario Ragazzini, *La scuola tra Comune e Stato* in Angelo Malinverno (a cura di), La scuola in Italia, dalla legge Casati alla Riforma Moratti (1860-2004), Unicopli, Milano 2006.

Il docente finiva così per essere sacerdote di una divinità simile a Giano Bifronte: un volto mostrava il rigore della disciplina scolastica e la serietà dell'insegnamento impartito, l'altro la "Patria" e i "Riti della Nazione".

2. Riti e Miti della pedagogia patriottica

L'idolatria dello Stato e della Nazione con tutte le ambiguità politiche del caso era nei primi anni del Novecento un dato comune dei paesi europei; il nazionalismo[62] fu l'elemento di coesione delle borghesie in espansione e la giustificazione del colonialismo, del bellicismo e della spartizione del mondo fra potenze medie e grandi. Questa tendenza a trasformare la Patria e la Grande Guerra in termini di culto, di memoria collettiva e di mito fu fatta propria anche dalle minoranze al potere in Italia.

Le istituzioni scolastiche e la leva militare rappresentavano per tanta parte dei figli dei contadini e dei lavoratori italiani la principale, e talvolta unica, occasione per venire in contatto con lo Stato e ricevere un qualche tipo di nazionalizzazione e di formazione.

La scuola era quindi un veicolo di propaganda patriottica, di educazione e di trasmissione ideologica non sostituibile. L'operazione di fare della scuola, in particolare quella elementare, uno strumento per nazionalizzare le masse popolari e contadine italiane precedeva il fascismo e derivava dal fatto che le minoranze al potere alla fine dell'Ottocento si erano rese conto di avere intere classi sociali indifferenti, quando non ostili, alla Patria e allo Stato.

---

[62] Cfr. Eric.J. Hobsbawn, *L'invenzione della tradizione*, Einaudi, 1987, pp.6-10, pp.290-291.

Nel passaggio fra i due secoli era emerso che le masse operaie, contadine e popolari che componevano la maggior parte della popolazione italiana erano tendenzialmente cattoliche o socialiste, ovvero culturalmente appartenenti a due polarità politiche ostili alle classi dirigenti liberali. Queste masse erano in gran parte ancora da educare al culto della Patria, ma tale esigenza non riuscì mai a trovare le condizioni per esser soddisfatta a causa dell'asprezza dello scontro ideologico e del contrasto fra le classi sociali.

Pur trattandosi di un'impresa difficilissima[63] dal momento che la religione cattolica dominante presso le masse popolari era per sua natura universale e non nazionale, tuttavia la scuola italiana s'impegnò in questo tentativo d'educare il "popolo bambino"[64] al mito di se stesso e della sua Patria.

Sulla coscienza dei cattolici pesavano l'ostilità della Chiesa, dovuta alla perdita di numerosi beni e del potere temporale durante il Risorgimento, e il contrasto ideologico e culturale durissimo con le classi dirigenti liberali. Le restanti masse operaie e contadine che si trovavano dall'altra parte della barricata ideologica seguivano il credo socialista o anarchico ed erano permeate dal concetto di lotta di classe come lotta internazionale contro tutte le borghesie nazionali, inclusa la propria.

Nonostante il contesto ostile uno dei miti fondativi[65] della Patria Italiana che ebbe una straordinaria fortuna nelle scuole fu Giuseppe

---

[63] Sulle gravi difficoltà delle minoranze al potere in Italia intorno alla questione della nazionalizzazione delle masse Cfr. Antonio Gibelli, *La grande Guerra degli italiani*, Sansoni, Milano,1998, pp.92-93.

[64] Cfr. Antonio Gibelli, *Il popolo bambino. Infanzia e nazione dalla Grande guerra a Salò*,Torino,Einaudi, 2005

[65] Cfr. Rossella Certini, Franco Cambi, *Il mito di Garibaldi: La formazione dell'immaginario popolare nell'Italia unita*, Unicopli, Milano, 2000

Garibaldi. Eroe popolare e simbolo di una patria riscattata ma ancora da costruire, l'eroe in camicia rossa risultava non privo di fascino anche presso i ceti artigiani e le masse dei salariati, e si poneva come collante per un nazionalismo ecumenico sul piano sociale. Il mito dell'eroe, alimentato da quanti volevano creare una legittimità eroica e risorgimentale per lo Stato Unitario e le sue nuove classi dirigenti, ed il mito della Patria come domestica gloria e comune identità divennero pertanto familiari in tutte le scuole e i licei italiani, e innumerevoli sono gli istituti che dopo la guerra inaugurarono una lapide o una targa in memoria di allievi, e talvolta di insegnanti e impiegati, morti in guerra. In molti casi fu posta anche una targa, solitamente in bronzo, recante il bollettino della Vittoria firmato dal generale Diaz. Qualcosa del patriottismo calato dall'alto filtrò comunque verso i ceti popolari anche in relazione alla martellante propaganda di guerra, al ruolo di pedagogia patriottica esercitato dal sistema scolastico e alla commemorazione dei troppi morti in guerra. Quando il conflitto cessò, fu possibile per la pubblica opinione rendersi conto delle dimensioni del massacro e divenne indispensabile dare senso alla morte di massa.

Si moltiplicarono nei primi anni Venti[66] eventi, riti, e manufatti che intendevano onorare i soldati morti in guerra e si diffusero le targhe e i monumenti ai caduti che ricordavano i morti di una città, di una parrocchia, di un sodalizio di privati cittadini. Ogni opera era oggetto di una cerimonia di consacrazione, di una festa d'inaugurazione, di un rito solenne o di tutte e tre le modalità di celebrazione. In questa proliferazione di riti, inaugurazioni di monumenti e onoranze funebri i maestri e i docenti erano chiamati a

---

[66] Cfr. Antonio Gibelli, *La grande Guerra degli italiani*, Sansoni,Milano,1998,pp.344-360

farsi carico dell'elevazione culturale e civile del popolo italiano da poco uscito dalle tempeste di fuoco ed acciaio della Grande Guerra. In ambito scolastico essi potevano farsi forti del concetto patriottico d'essere gli educatori del popolo della costruenda e redenta Patria.

Il fascismo sfruttò l'esistente nazionalismo di maestri, maestre, professori e presidi per far passare fra i banchi di scuola e le cattedre la sua ideologia. La centralità della scuola, e in particolare di quella elementare, nel processo di nazionalizzazione delle masse e di sacralizzazione della Patria fu infatti presente nei disegni ideologici fin dai primi mesi del fascismo al potere, e la scuola-tempio si trasformò così nel ventennio nel luogo ove fu indottrinata e inquadrata la gioventù. Lo stesso Mussolini il 5 dicembre[67] del 1925 all'Augusteo di Roma dichiarò ad una adunanza di docenti: *"Voi non siete soltanto coloro che spezzano il pane della piccola scienza o della Grande scienza, ma siete gli apostoli, siete anche dei sacerdoti, siete degli uomini che hanno delle responsabilità tremende e ineffabili: di lavorare sul cervello, sulla coscienza, sugli animi."*

Le intenzioni e la progettualità della pedagogia fascista si materializzarono fin dalle prime settimane del governo Mussolini con la creazione dei Parchi e Viali della Rimembranza in memoria dei caduti nella Grande Guerra, primo atto del progetto totalitario fascista verso l'educazione e idea peraltro non originale in quanto copiata dal Canada. Questa prima esperienza di pedagogia patriottica [68] fu costruita e voluta dal sottosegretario Dario Lupi,

---

[67] Cfr. Donato Bosca (a cura di), *Le cattive maestre, la scuola piemontese di ieri fra ricerca e testimonianze*, Priuli & Verlucca, Torino, 2003
[68] Sull'argomento la fonte privilegiata è lo scritto dello stesso sottosegretario. Cfr. Dario Lupi, *Parchi e viali della Rimembranza*, Bemporad, Firenze,1923. Per un profilo

personalità che aveva uno stretto rapporto con la cultura fiorentina. Ad ogni albero sarebbe corrisposto una targhetta con il nome del morto in guerra e le scuole avrebbero fornito una guardia d'onore per rappresentare, senza tanti giri di parole, il fatto che la gioventù doveva esser educata alla guerra, al rischio della vita e va da sé, alla morte. L'impresa di mobilitare migliaia di scuole poteva sembrar impossibile, ma proprio il trauma collettivo del conflitto permise a Dario Lupi di trovare milioni d'italiane ed italiani disposti a seguirlo in questa mobilitazione di forze e di individuare le condizioni amministrative e di cassa per creare nelle centinaia di comuni d'Italia il corrispettivo Parco della Rimembranza. Quando l'attività di creazione di questi viali e giardini non era ancora conclusa, lo stesso Dario Lupi scrisse un libro sui Parchi della Rimembranza[69] e sul successo che aveva riscosso la sua iniziativa. Questo testo presenta il suo punto di vista su tutto il progetto, ne chiarisce il senso politico-culturale e l'intreccio fra suggestioni cristiane, pagane e scioviniste e si apre con una dedica duplice: *"Questa promessa di fedeltà ai morti, alla vittoria, al Duce, che li rivolle vivi in eterno"*. La dedica non è un semplice, poetico omaggio al Presidente del Consiglio, ma introduce con queste parole una breve frase di Mussolini:*"I morti per la Patria vivono: il cuore della stirpe*

---

dell'operazione patriottico-pedagogica cfr.Antonio Gibelli, *La grande Guerra degli italiani*, Sansoni, Milano,1998, pp.92-93

[69] Dario Lupi, *Parchi e Viali della Rimembranza*, Bemporad, Firenze, 1923. L'immagine posta sulla copertina del testo presenta un albero con appeso un gladio ed un elmetto simbolo dei combattenti della Grande guerra ed in alto, sopra, l'intreccio dei rami con un lume che arde. Questa immagine rappresenta bene l'intreccio fra suggestioni pagane e cristiane che condizionarono tutta l'iniziativa di Dario Lupi.

li accoglie e poichè la stirpe non muore, così è per essi la gloria dell'immortalità. Mussolini". Ovviamente furono costituiti in qualche città anche i parchi dedicati ai caduti fascisti, ossia agli squadristi morti nel conflitto civile del 1919-1924, segno di quali fossero le intenzioni e le finalità politiche di tale operazione.

Si trattava di piegare la scuola alla celebrazione della morte in guerra e, di riflesso, di far penetrare i riti e la pedagogia patriottica fascista nelle scuole con lo scopo di esercitare forme sempre più strette di controllo. In coerenza con una simile visione ebbe luogo inoltre una sorta di militarizzazione della pubblica istruzione con l'introduzione di una "cultura militare" che, affidata spesso a fascisti e a militari male in arnese, risultava propedeutica alla creazione di generazioni nuove pronte a seguire le avventure militari del regime.

A questa pedagogia nazionalista e bellicista s'aggiunsero nel 1938 le leggi razziali fasciste. Il fascismo nel giro di un decennio sottomise dunque la scuola a tutti i livelli trovando le condizioni per liquidare gli eventuali dissensi con la brutalità, con la corruzione e con il consenso e appropriandosi anche della riforma Gentile che lo stesso Mussolini sostenne con forza contro le numerose critiche. Il senso[70] di quella riforma era trasformare la scuola e l'università in

---

[70] Sul ruolo autoritario e di controllo pseudo-poliziesco su discenti e corpo docenti del dirigente scolastico cfr. Giulio Franceschini, *Il direttore Gerarca*, in *La scuola in Italia, dalla legge Casati alla Riforma Moratti (1860-2004)*, (a cura di Angelo Malinverno, Unicopli, Milano 2006. Sulla natura classista, selettiva e per molti aspetti odiosa per la piccola e media borghesia italiana della Riforma Gentile cfr. Adolfo Scotto di Luzio, *La porta Stretta, in La scuola in Italia, dalla legge Casati alla Riforma Moratti* (1860-2004), (a cura di) Angelo Malinverno, Unicopli, Milano 2006. Sul concetto di selezionare pochissimi meritevoli e formare un ristretto numero di professionisti e laureati. Cfr. Andrea Mariuzzo, *Scuole di Responsabilità, i "Collegi Nazionali" nella Normale gentiliana (1932-1944)*, Edizioni della Normale, Pisa, 2010 e Marco Mondini, *Generazioni*

un sistema organico volto alla riproduzione delle stratificazioni sociali e, se possibile, alla pratica di una rigorosa selezione per assicurare una relazione fra ceto sociale, disponibilità economiche e titolo di studio. L'attenzione alle eccellenze e ai meritevoli non sanava il principio selettivo e classista di cui era imbevuta la riforma, che non poteva tra l'altro arrivare al punto, ossia curare la scarsa penetrazione del patriottismo e del nazionalismo presso le masse popolari. Senza un serio processo di scolarizzazione e alfabetizzazione di massa il processo di costruzione della Nazione si sarebbe rivelato impossibile. Era questo un problema che si trascinava fin dalla fondazione nel 1861 dell'Italia Unita, ed infatti *"un'inchiesta del 1910 accertò che nelle scuole elementari circa la metà dei maestri era abituata a tenere lezione in dialetto. Al momento dell'unificazione la percentuale degli analfabeti era del 75% (si noti che allora le statistiche includevano tra gli analfabeti anche coloro che sapevano semplicemente compilare uno stampato e apporre una firma), il che significa che 3/4 della popolazione non veniva a contatto con la lingua italiana. Le percentuali di analfabetismo diminuirono lentamente, scendendo al 50% solo nel 1901 (quando in Francia erano già al 5%) e nel 1911 toccarono il 40% con punte che andavano dall'11% in Piemonte al 70% in Calabria. Alla vigilia della guerra in sette regioni italiane circa la metà della popolazione non era alfabetizzata. Anche dal punto di vista linguistico, per una quota considerevole della popolazione l'Italia rimaneva dunque un'entità misteriosa e comunque poco significativa"*[71].

Intellettuali, storia sociale degli allievi della Scuola Normale Superiore di Pisa nel Novecento (1918-1946), Edizioni della Normale, Pisa, 2010
[71] Cfr. Antonio Gibelli, *La grande Guerra degli italiani*, Sansoni, Milano,1998, pag 93

Paradossalmente non era quella la riforma di cui aveva bisogno il fascismo per le sue ambizioni in materia di consenso e di creazione della potenza materiale del regime. In particolare quella piccola borghesia italiana che vedeva affacciarsi la possibilità per i propri figli d'accedere a un titolo di studio che aprisse le porte a un decente impiego pubblico o a qualche carriera professionale ambita, era penalizzata da una riforma che intenzionalmente intendeva arginare queste diffuse speranze in nome della qualità degli studi e delle professioni e di una cultura reazionaria. Nei primi due anni della riforma, ossia quando essa fu applicata nel suo autentico segno, gli studenti diminuirono di circa un terzo.

Solo con l'inizio degli anni Trenta[72] il numero degli studenti tornò a salire fino a superare quello precedente il biennio1923-24.

La chiusura dei canali d'accesso all'istruzione limitava le possibilità di carriera e di successo della piccola borghesia urbana e rurale che era tanta parte del consenso al fascismo, e per questo la riforma Gentile fu rimaneggiata durante il ventennio e infine per massima parte rinnegata da un tentativo di riforma concepito dal ministro Bottai. In particolare, ripensando alle esigenze di una civiltà industriale italiana e a una possibile mobilitazione del potenziale bellico, il ministro osservava i limiti di una riforma fondata su un concetto di società superato dagli esiti della Grande Guerra.

Il conflitto mondiale aveva portato in Italia la civiltà di massa e le masse erano dunque le protagoniste della seconda fase della civiltà industriale.

---

[72] Cfr. Adolfo Scotto di Luzio, *La porta Stretta*, pag.149 in *La scuola in Italia, dalla legge Casati alla Riforma Moratti (1860-2004),* (a cura di) Angelo Malinverno, Unicopli, Milano 2006

Al contrario la riforma Gentile valorizzava le minoranze di privilegiati e di meritevoli e il distacco forte fra i licei destinati a formare principalmente sul piano teorico e le scuole professionali e tecniche appariva in netto contrasto con la gestione razionale delle potenzialità della civiltà industriale che andava espandendosi in Italia. Inoltre l'eccessivo classismo e lo spirito elitario dell'istruzione liceale poteva nuocere a quello spirito ecumenico e cameratesco della nazione armata tanto desiderato dal regime.

Il ministro progettò inoltre una scuola media unica e cercò di valorizzare la cultura scientifica e le attività manuali. Addirittura, nella sua *Carta della scuola,* egli sottolineava come fosse necessario aggiungere la materia "esercizi di lavoro manuale" anche per coloro che dovevano formare le classi dirigenti, al fine di creare empatia con i lavoratori.

Pur non avendo intenzione alcuna di promuovere una vera e propria mobilità sociale, questo progetto di riforma intendeva comunque avvicinare le classi meno abbienti all'istruzione superiore.

La riforma Bottai[73], tuttavia, non ebbe luogo per via della seconda Guerra Mondiale che portò il regime alla rovina.

Ovviamente, con il tracollo militare e con il conseguente discredito nazionale e internazionale, la concezione di fare della scuola una sorta di tempio e di caserma dove ricostruire il carattere e la mentalità delle popolazioni d'Italia per realizzare un nuovo tipo d'italiano imperialista e aggressivo, si spense.

Questa concezione altera e imperiale dell'Italia e del suo popolo fu abiurata anche dalla piccola e media borghesia, autentica base

---

[73] Cfr.Balducci Ernesto, Perluigi Onorato, *Cittadini del Mondo*, Principato, Milano, 1989, pag.190

sociale del fascismo, interessata alle prospettive di benessere individuale che s'aprivano dopo la fase della ricostruzione.

Il secondo dopoguerra

1. La breve stagione dei provveditori della Resistenza fra clandestinità, utopia, antifascismo

Nel luglio del 1943 mentre gli eserciti dell'Impero Britannico e degli Stati Uniti combattevano in Sicilia, contemporaneamente l'Unione Sovietica ingaggiava, e vinceva a Kursk contro la Werhmacht e le Waffen-SS, la più grande battaglia di carri armati della storia. Il Giappone, del resto, nei primi mesi del 1943 era stato sconfitto dai marines statunitensi nella battaglia di Guadalcanal e subiva in quell'estate l'offensiva alleata nel Pacifico. Proprio in quell'estate del 1943 la guerra risultava drammaticamente compromessa per le forze dell'ASSE.

Il regime fascista fu deposto il 25 luglio dalla Monarchia dopo una drammatica seduta notturna del Gran Consiglio del Fascismo e nei 45 giorni che seguirono il potere passò provvisoriamente al Maresciallo Badoglio,un militare di carriera le cui fortune si erano più volte intrecciate con quelle del Duce e del regime. Fu proprio lui a proclamare l'otto settembre l'armistizio che segnò la dissoluzione dello Stato e delle forze armate italiane. La rottura dell'unità nazionale con un regime monarchico schierato con gli alleati nel Mezzogiorno d'Italia e la nascita della Repubblica Sociale, ultima incarnazione del fascismo storico, nei territori controllati dal Reich, furono una conseguenza di quella giornata dell'8 settembre.

Una data che divenne per gli italiani un luogo della memoria in termini assolutamente negativi, e segnò un punto di non ritorno nella storia della Nazione Italiana. Dall'8 settembre 1943 fino al 2 maggio 1945, data formale quest'ultima della cessazione delle ostilità sul fronte italiano, l'Italia si trasformò in un territorio conteso lungo il quale gli eserciti alleati risalivano lentamente la linea del fronte mentre si sviluppava un vivace movimento partigiano.

La Resistenza in Italia si occupò del problema scuola, in netta contrapposizione al fascismo della Repubblica di Salò. Negli editti del CNL del Friuli del 1944 il problema della scuola era preso in seria considerazione e risultava fra le questioni politiche più importanti[74], e tutto questo accadeva mentre le linee alleate erano distanti centinaia di chilometri dalle formazioni partigiane.

Nello stesso periodo Tommaso Fiore, provveditore agli studi nella Puglia liberata, tentava la ricostruzione delle strutture scolastiche entrate in crisi con la caduta del fascismo. Fra i suoi compiti, oltre alla riapertura delle scuole anche in sedi provvisorie[75], c'era anche quello di chiedere agli alleati un supporto alimentare per gli studenti. Delle principali proposte della Resistenza, maturate in questa precoce e poco nota esperienza, il proclama fatto circolare clandestinamente dal "Comitato Clandestino della Scuola" di Roma nel febbraio del 1944 pare sintetizzare quelle essenziali[76]:

---

[74] Questo dato è stato preso dal testo di Genovesi Giovanni, Semeraro Angelo, *La voce della scuola 1944-1953*, Milano ETAS, 2000, pag.131

[75] Cfr. Semeraro Angelo, *Tommaso Fiore provveditore agli studi: la ricostruzione educativa in Puglia (1943-1947)*, Piero Manni, Lecce, 2000

[76] Cfr. Genovesi Giovanni, Semeraro Angelo, *La voce della scuola 1944-1953*, Milano ETAS, 2000, pag.131

"Restituire all'insegnamento la necessaria sincerità e chiarezza morale, rompere l'atmosfera di sospetto e di diffidenza creata dal fascismo, restaurare tra maestri e discepoli uno spirito di serena collaborazione, mirando a formare nei giovani libere coscienze, nemiche di ogni tirannide e di ogni reazione; affermare chiaramente sin d'ora, in contrasto con l'autoritarismo burocratico che per tanti anni ha gravato sulla scuola italiana, il principio dell'autonomia della scuola: tale principio dovrà consistere principalmente in una larga e attiva partecipazione del corpo insegnante alla direzione culturale e didattica della scuola stessa; lottare perché la scuola assuma ufficialmente la sua funzione non solo di onesta e imparziale selezionatrice delle capacità intellettuali ma anche formatrice di un nuovo e più sano costume morale e politico".

Il provveditore della liberazione[77] di Milano ebbe come primo obbiettivo quello di ripristinare la moralità del corpo insegnante allontanando quanti avevano ottenuto la cattedra con le raccomandazioni e la delazione, e cercando di spezzare il sistema degli illeciti e degli abusi nei confronti di allievi che dovevano essere promossi in ogni caso.

La serietà degli studi era la premessa per riformare il sistema della Pubblica Istruzione con la speranza che esso potesse divenire finalmente uno strumento di elevazione morale e culturale per il popolo italiano ed il tassello fondante di un nuovo stato democratico che doveva nascere dalle ceneri del fascismo sconfitto.

---

[77] Cfr. Ugo Basso, *Antonio Basso, provveditore della liberazione,* " Il Risorgimento, Rivista di Storia del Risorgimento e di storia contemporanea", anno XXXVIII, n. 3, ed. Comune di Milano, 1986. Preme ricordare come a questo proposito il professor Antonio La Penna nel suo libro *"Sulla Scuola"* a proposito della consolidata prassi delle raccomandazioni e della corruzione nella scuola della "Prima Repubblica" abbia scritto pagine di vibrante sdegno civile.

Tuttavia le radicali mutazioni auspicate non ebbero luogo, e il fallimento dell'"Epurazione" contribuì al mantenimento ed alla continuazione delle stratificazioni sociali e dei privilegi di minoranze di ricchi e arricchiti e all'immobilismo della pubblica amministrazione.

Così, nel 1972,[78] il leader partigiano Ferruccio Parri rievocava la fine del suo governo nel dicembre del 1945: *"Mi pareva di veder avanzare sprezzante e ghignante l'immenso esercito parafascista, l'obeso ventre della storia d'Italia che aveva vinto, mi aveva vinto"*.

Con la fine del 1945 si chiudeva la brevissima stagione[79] del governo Parri, autentica espressione del Comitato di Liberazione Nazionale e si apriva il lungo capitolo dell'Italia governata dai grandi partiti di massa.

La stagione della Resistenza al potere fu breve e condizionata dall'enormità delle devastazioni, dalle situazioni disperate in cui erano immerse le popolazioni della penisola e dalla presenza delle forze armate alleate, vere vincitrici del conflitto sul territorio italiano. Ben poco di concreto si poteva fare ed inoltre, proprio in quel periodo, ebbe luogo un fatto dirompente in materia di scuola: l'intervento delle autorità militari alleate nella gestione della penisola italiana nei primi mesi del dopoguerra cui fece seguito

---

[78] Cfr. Alessandro Galante Garrone, *L'Italia corrotta 1895-1996, cento anni di malcostume politico*, Editori Riuniti, Roma, 1986.

[79] Paragonare gli ideali altrui con la concretezza del loro realizzarsi, e far valere i propri ideali con loro stessi, senza esaminare l'applicazione materiale dei medesimi, è il tipico procedimento per falsificare qualsiasi confronto o discorso. Questo concetto va riportato nel difficile rapportarsi degli Ideali della Resistenza, ammesso che se ne possa parlare in modo così organico, con la concreta realtà della "Prima Repubblica". Questo è di particolare importanza per un corretto ragionare su quella materia che è la storia della pubblica istruzione, e va da sé, per non attribuire al brevissimo governo Parri responsabilità che non ha mai avuto.

l'introduzione di pratiche pedagogiche tratte dal pensiero del filosofo americano Dewey.

L'autore di questa cesura fu precisamente il pedagogista e ufficiale delle forze armate statunitensi Carleton Washburne, che iniziò la defascistizzazione della scuola, o almeno di quegli aspetti che risultavano più vistosi e odiosi per la sensibilità statunitense. Questa "cura" statunitense e, ancor di più e meglio, il lento sviluppo di elementi di democrazia e di relativo benessere dovuto alla pace e alla ricostruzione, crearono le condizioni per una dismissione dell'autoritarismo fascista e di quel metodo di fare scuola fondato sul bellicismo e sul nazionalismo. Gli ideali che avevano animato le forze della Resistenza si dissolsero quando cominciò a delinearsi la Guerra Fredda e la divisione del mondo in blocchi contrapposti. I partiti di massa della "Prima Repubblica"[80] cominciarono a rivelarsi come i soggetti politici italiani su cui si riversava il consenso elettorale delle popolazioni. Consumi, diritti politici estesi alle donne, ricostruzione e pace, sia pure nel contesto della Guerra Fredda, furono gli eventi che caratterizzarono in Italia i primi anni della Repubblica che finì subito sotto l'egida e la tutela della NATO; gli anni Cinquanta furono di conseguenza segnati dalla stretta alleanza in funzione anticomunista fra la Democrazia Cristiana e la politica estera statunitense. A proposito del profondo impatto che la civiltà statunitense ebbe sul popolo italiano così scrive, non senza una punta polemica, lo studioso fiorentino Giannozzo Pucci: "*Alla*

---

[80] Il termine "Prima Repubblica" per indicare i primi cinque decenni di vita della Repubblica Italiana caratterizzati dai partiti del cosiddetto "Arco Costituzionale", i quali avevano raccolto l'eredità di un paese da ricostruire dopo la guerra mondiale e di dare al paese una costituzione. Negli ultimi dieci anni, e in particolare col primo governo Berlusconi, forze politiche "nuove"e altre rispetto ai partiti principali del dopoguerra formarono il nuovo governo del paese ponendo in essere una discontinuità forte.

fine della Seconda Guerra Mondiale, nella popolazione italiana, cresciuta, anche negli strati più ricchi, con l'etica della parsimonia, lo spettacolo degli americani dediti a manifestazioni di abbondanza materiale (un esempio fra i mille: mandare le fortezze volanti B29 in alta quota per raffreddare la birra per gli ufficiali), assolutamente inconcepibili in un'economia di rispetto delle risorse limitate della terra, ha prodotto un generale inginocchiamento adorante verso simile sovrabbondanza e una perdita di identità che non ha avuto eguali in nessuna invasione precedente. Da prima di Annibale e fino a dopo Napoleone, ogni popolo invasore è sempre stato o più povero di noi o come noi, anche se più forte militarmente. Gli americani per primi hanno portato una disponibilità materiale e uno stile di spreco di cui l'unico precedente erano le fiabe medioevali sul paese di cuccagna. L'invasione è stata più economico-culturale che militare, e il romanticismo materialista dei film e delle musiche d'oltreoceano accompagnato dall'instaurarsi della società dei consumi ha, in pochi decenni, fatto piazza pulita di millenari virtù personali e comunitarie, da sempre salvaguardate e difese dalla chiesa cattolica. [81]

Non è secondario far notare che, in un certo senso, il caso italiano ha segnato un precedente, visto che nelle recenti guerre in Afghanistan e in Iraq le forze d'occupazione americane hanno fatto stampare i nuovi testi scolastici che sostituiranno quelli

---

[81] *Per un nuovo ordine internazionale*, Giannozzo Pucci, in Franco Cardini (a cura di), *La paura e l'arroganza*, Laterza, Bari, 2002, pp.39-40

ideologicamente compromessi con i precedenti regimi[82] ed hanno posto in essere una riforma dell'istruzione pubblica; appare evidente in tal senso l'idea di operare secondo le stesse logiche che hanno caratterizzato il loro intervento educativo nei confronti delle Nazioni dell'ASSE uscite sconfitte dal secondo conflitto mondiale.

A questo proposito è opportuno operare una digressione prendendo in considerazione il saggio di Pier Luigi Gaspa e Luciano Niccolai "Per la libertà, la Resistenza nel fumetto", un libro in cui si prende in esame l'intero panorama storico della Resistenza italiana, raccontata attraverso uno dei media di massa della civiltà industriale: il fumetto.[83] La Resistenza italiana come oggetto di narrazione fumettistica ha sempre avuto un ruolo marginale, nonostante alcune opere di ottimo livello.[84] La svalutazione e sottovalutazione dell'importanza di questo mezzo di comunicazione e di intrattenimento di massa che, fin dai tardi anni Quaranta, accompagnava la crescita di adolescenti e pre-adolescenti, è dovuta all'incapacità, tutta italiana, della cultura alta e di conseguenza di quella politica, di condividere i sogni e i bisogni delle masse popolari.

Il fumetto fu il riflesso di questo dato di fatto e le forze politiche di centro e di sinistra per decenni lo considerarono come una sorta di

---

[82] Cfr. Maurizio Ricci, *Moneta, Esercito, Libri di Storia, il dopo Saddam è cominciato*, La Repubblica, 8 aprile 2003. Cfr. Riccardo Stagnarò *Quando gli USA insegnavano agli Afgani la guerra santa*, Il Venerdì della Repubblica, 23 settembre 2005

[83] Cfr. Pier Luigi Gaspa , Luciano Niccolai, *Per la libertà, la Resistenza nel fumetto*, Settegiorni editore, Pistoia 2009

[84] Fra le poche produzioni degne d'interesse si ricorda quella che risulta essere la migliore sotto il profilo dell'innovazione stilistica e della forza del messaggio divulgativo e morale. Noemi Vincini Marri, Vania Vecchi, Rolando Baldini, Prefazione di Ferruccio Parri e Guida alla lettura di Lucio Lombardo Radice, *I giorni della Resistenza*, Editori Riuniti, Roma, 1973

spazzatura letteraria o di cattivo sottoprodotto culturale. Se le forze democristiane negli anni Cinquanta pensarono a forme di censura per ragioni di moralità, a sinistra fu posto il problema se il fumetto fosse un genere narrativo da prendere in considerazione. Ne seguì un dibattito sulla rivista Rinascita a causa dell'immissione dei *comics* nella rivista il "Politecnico"di Vittorini. Nilde Iotti attaccò il fumetto, mentre Gianni Rodari lo difese come genere narrativo.

Una replica dura e definitiva, attribuita a Togliatti, chiuse il dibattito liquidando il fumetto come un fenomeno da respingere.[85]

La forte tensione della guerra fredda relegò in poche produzioni orientate a sinistra i fumetti che trattavano della Resistenza italiana, ne veicolavano i valori e ne prendevano le difese. Una serie di fumetti di guerra incentrati sulla Seconda Guerra Mondiale fu prodotta con grande successo commerciale dalla casa editrice Dardo[86], che ripubblicò la storia a fumetti della casa editrice inglese Fleetway a partire dal 1962. Storie non sempre ben disegnate, che esaltavano i soldati e gli ufficiali dell'Impero Britannico e degli Stati Uniti, impegnati nel comune combattimento contro tedeschi, italiani e giapponesi. In termini generali è evidente che il mito del Far West e quello dei gloriosi marines e degli audaci piloti della RAF rappresentarono una parte del fumetto italiano del dopoguerra. Queste produzioni finirono per veicolare nella gioventù

---

[85] Nell'appendice curata da Gianni Barbi del testo *Per la libertà, la Resistenza italiana nel fumetto* si riportano gli argomenti e l'affermazione attribuita a Togliatti: *"La distinzione tra forma e strumento o genere o mezzo non ci pare regga, ed è da respingere l'affermazione che ci troviamo di fronte (anche in questo caso!) a una nuova specie di lingua"*
[86] Cfr. Pier Luigi Gaspa Luciano Niccolai, *Per la libertà, la Resistenza nel fumetto*, Sette giorni editore, Pistoia, 2009

l'immaginario della vita eroica e marziale della civiltà anglosassone e statunitense.

Un elemento di scardinamento delle stratificazioni sociali esistenti e delle vecchie logiche che vedevano la scuola come strumento di conservazione culturale fu poi rappresentato dall'articolo 3 della Costituzione Italiana[87], che imponeva e impone ancor oggi di rimuovere gli ostacoli di natura economica e sociale che limitano "la libertà e l'eguaglianza dei cittadini, impediscono il pieno sviluppo della persona umana".

Tuttavia il dettato costituzionale non trovò immediata applicazione ed i primi anni della Repubblica videro quindi ancora in piedi la struttura scolastica autoritaria e selettiva delineata da Giovanni Gentile.

I dati[88] del 1946-1947 riferivano di un 21% di ragazzi fra i 6 e i 14 anni che non andavano a scuola, mentre solo il 20% andava oltre la scuola elementare ed a queste cifre s'aggiungevano i ripetenti delle elementari. Nel 1951 gli analfabeti erano il 13% e gli alfabeti senza licenza elementare erano il 46%; il 31% aveva invece la licenza elementare, il 6% la media o l'avviamento professionale, mentre i diplomati erano il 33% ed i laureati soltanto l'1%. Non erano certo cifre in grado di garantire la crescita industriale e commerciale del Belpaese e ciò stimolava il dibattito e le proposte di riforma. Eppure proprio allora mentre nella sfera politica la tensione risultava alquanto sostenuta, nella scuola si manifestava un clima di

---

[87] Cfr. Ernesto Balducci, Pierluigi Onorato, *Cittadini del Mondo*, Principato, Milano, 1989 p.191

[88] Cfr. Pier Giorgio Zunino, Silavno Musso, *Dalla ricostruzione al miracolo economico: la scuola media unica*, in Angelo Malinverno (a cura di), La scuola in Italia, dalla legge Casati alla Riforma Moratti (1860-2004), Unicopli, Milano 2006. Pag.172

relativa tranquillità. Al di là delle polemiche e della lotta ideologica tra Democrazia Cristiana e forze politiche di sinistra una preoccupazione era condivisa da governo e opposizione: *"il timore di un esercito di "spostati", di diplomati e laureati alla ricerca di un posto di lavoro all'altezza delle aspettative maturate in tanti anni di scuola e di università. Un esercito composto in gran parte da giovani di estrazione piccolo borghese, certamente ostili alle istanze di emancipazione del proletariato, ma allo stesso tempo politicamente imprevedibili, chè né le forze governative né quelle di sinistra desideravano veder rafforzato"*[89]

Nei primi anni del dopoguerra emigrazione, miseria e stipendi bassi rendevano dunque rovente il dibattito politico aggravato dal fanatismo ideologico dei primi anni della Guerra Fredda. In tale clima di diffidenza era difficile sperare che le proposte di riforma potessero maturare in qualcosa di concreto.

2. L'Italia diventa un paese industriale

Gli anni che vanno dal 1946 al 1973, definiti "l'Età dell'Oro"[90], coincidono con la ricostruzione dell'Europa, la fine del colonialismo e un graduale aumento del benessere materiale delle classi lavoratrici. Sono questi gli anni in cui avviene il decollo industriale dell'Italia, gli anni in cui gli addetti all'industria riescono a superare gli addetti all'agricoltura. In realtà il decollo italiano e l'avvento della società dei consumi non furono un qualcosa di così immediato come oggi una certa pubblicistica di stampo politico vorrebbe far

---

[89] Marcello Dei, *La scuola immobile*, in Angelo Malinverno (a cura di), La scuola in Italia, dalla legge Casati alla Riforma Moratti (1860-2004), Unicopli, Milano 2006.

[90] Cfr. Eric Hobsbawn, *Il secolo breve, 1914-1991*, BUR, Milano, 1997

passare. I segnali stessi che indicavano la svolta erano anche contraddittori e non di rado punteggiati da gravi disordini sociali e da scontri di potere interni ed esterni al sistema Italia.

Occorre sottolineare che l'indice di aumento del reddito nazionale era stato *"nel dopoguerra mediamente del 5% annuo, l'indice dei laureati nello stesso periodo era stato del 2,7% a dimostrazione che il "miracolo italiano" era avvenuto senza l'apporto della parte culturalmente più preparata della società."*[91]

Ed ancora *"...nel 1960 ogni italiano in media consumava 27 chili di carne contro 85 di uno statunitense e i 70 di un francese, e sempre in media su 100 lire di spesa 51 erano destinate ai consumi alimentari. Segni di controtendenza: aumenta del 20% la spesa per gli elettrodomestici e del 21% per le autovetture* [92]*"*.

Rievocando l'Italia della metà degli anni Sessanta lo scrittore giapponese e manager industriale Hayao Nakamura[93] ricordava come la stessa si mostrasse un paese ricco e solido nel suo complesso, un paese industriale la cui potenza lo impressionava.

---

[91] Cfr. Rosaria Lopedote, *il contesto civile degli anni sessanta in don Lorenzo Milani*, in Narducci Vittorio(a cura di),*Don Lorenzo Milani,ieri e oggi*,Multimedia Editore, Lecce, 2003.

[92] Cfr. Dennis Mack Smith, *Italia del 20°secolo*, Rizzoli , Milano, 1978, pag.179

[93] Scrive Nakamura: *"A me ha sempre colpito constatare come sia ristretta la classe dirigente in Italia e come sia lento il ricambio sociale. Certo, nelle vicende politiche anche il Giappone è rimasto pietrificato per decenni, chiuso in un monopartitismo che la vicinanza con l'impero sovietico rendeva senza alternativa. Sotto questo tappo geopolitico, la società giapponese è sempre stata, però, in grande movimento. Non così quella italiana. Un giorno dicevo ad alcune signore della buona borghesia milanese che la sola Bocconi non è sufficiente per servire il centro economico e finanziario del paese e che ci vorrebbero due otre università del genere. "Per carità", mi risposero, "meglio così, meglio non creare troppa concorrenza ai nostri figli." Sorridevano, ma non scherzavano affatto. Più si sale, più la piramide si restringe."* Cfr. Hayao Nakamura, *Il paese del Sol Calante*, Sperling & Kupfer, Milano, 1993, p.31

Lo stesso Nakamura osservava nel suo libro una certa chiusura alla mobilità sociale e la difficoltà a portare in Italia qualcosa di simile al sogno americano o alla collaborazione fra classi sociali.

Gli stessi anni e lo stesso tipo di sviluppo industriale che il manager giapponese evocava compiaciuto sono invece tutto ciò contro cui si scagliava il grido del poeta e regista Pierpaolo Pasolini[94], il quale constatò come la nascente società dei consumi disintegrasse le culture tradizionali e le culture popolari nel Belpaese.

Questo livellamento di tradizioni e vissuti sostituito con una omologazione derivata dalle mode e dai consumi indotti venne definito dal poeta un vero e proprio "genocidio culturale".

Fatto è che la classe operaia venne trasformata in una "categoria di consumo"[95] e, per tale via, associata alle sorti dell'economia complessiva. In questo modo le velleità rivoluzionarie venivano lentamente ma inevitabilmente spente e la lotta per piattaforme di rivendicazione veniva inserita nel sistema consumistico proposto dal modello economico dominante.

Per quanto riguarda la scuola, intesa come diritto garantito per tutti, essa rappresentava un bisogno ed una necessità ed era sentita dai ceti poveri del paese come una realtà vitale e una possibilità di miglioramento culturale e materiale. Basta considerare il fatto che nel 1955[96] *"gli alunni delle scuole medie inferiori e di avviamento*

---

[94] Cfr. Massimo Fini, *Il vizio oscuro dell'Occidente, manifesto dell'antimodernità*, Marsilio, Venezia, 2002. Questo tipo di polemica è stato recentemente riacceso dagli ultimi scritti del giornalista e scrittore Massimo Fini il quale sottolinea come certi processi di globalizzazione e di costituzione di una società dei consumi si configurino come distruzione di culture e valori sociali tradizionali.

[95] Cfr.Ernesto Balducci, Pierluigi Onorato, *Cittadini del Mondo*, Principato, Milano, 1989

[96] Cfr. Guido Crainz, *L'Italia Repubblicana*, in *Storia Contemporanea*, (a cura di) Carmine Donzelli, Francesco Benigno, Donzelli Editore, Roma, 1997, pag.512

professionale erano 900.000, quelli delle medie superiori 600.000, ma entrambe queste cifre si raddoppieranno dieci anni dopo."

Nei confronti della scuola si muoveva quindi un moto di speranze proveniente dal basso e sospinto dalla rapida diffusione d'imprese che esigevano una manodopera con competenze di base superiori alla terza elementare e possibilmente con competenze tecniche. L'insegnante si poneva dunque nella condizione d'essere un potenziale depositario di speranze di riscatto morale e sociale a beneficio dei ceti subalterni.

Un problema aperto e grave in quel momento storico era tuttavia rappresentato dall'incoerenza fra le strutture scolastiche e le necessità del paese.

Fu necessario attendere la stagione del primo Centrosinistra, ossia il 1962, per vedere, dopo un'intera generazione, l'applicazione del dettato costituzionale con la creazione della scuola media che elevava l'obbligo della scolarità a 14 anni. Il proposito politico del primo Centro-Sinistra fu dunque quello di realizzare le cosiddette "Riforme di Struttura" e fra queste, quella volta a far applicare il prescritto costituzionale sulla scuola dell'obbligo.

La situazione economica e sociale era cambiata in quei primi anni Sessanta, e l'aumento vertiginoso della produzione industriale imponeva anche ai ceti sociali abbienti di ripensare l'istruzione pubblica come investimento produttivo a carico dello Stato al fine di procurare[97] alle imprese, in prospettiva futura, manodopera alfabetizzata e possibilmente con competenze professionali.

---

[97] Cfr. Pier Giorgio Zunino, Silvano Musso, *Dalla ricostruzione al miracolo economico: la scuola media unica*, in Angelo Malinverno (a cura di), La scuola in Italia, dalla legge Casati alla Riforma Moratti (1860-2004), Unicopli, Milano 2006, pp.173-173

Tuttavia la scuola italiana[98] non riuscì ad affrancarsi dai suoi limiti costitutivi e da una concezione della selezione che puniva gli allievi provenienti dai ceti meno abbienti. Al contrario si confermava, senza sostanziali modifiche, una volontà di dividere gli istituti secondari in istituti di categoria: i Licei erano gli istituti di serie A, i tecnici gli istituti di serie B, i professionali e gli industriali quelli di serie C, mentre una appendice di fuori classifica era rappresentata dalla formazione professionale di solito riservata agli allievi provenienti dalle famiglie più povere e a quelli con problemi.

Occorre inoltre evidenziare che fu proprio l'istituzione della scuola media unica a riproporre il problema della formazione iniziale dei docenti e del loro profilo professionale. Di fatto la scuola di massa vedeva i docenti formare la loro professionalità ed esperienza direttamente sul campo, ossia in classe, o a seconda dei casi, integrata con i corsi di aggiornamento.[99]

---

[98] Cfr. Ernesto Balducci, Pierluigi Onorato, *Cittadini del Mondo,Principato*, Milano, 1989, pp.192-193

[99] Cfr. Crivellari Claudio,*Professori nella scuola di massa, dalla crisi del ruolo alla formazione universitaria*, Armando, Roma, 2004, pag.39

Capitolo terzo

La terza Rivoluzione Industriale in cattedra

La Scuola contestata

1. L'esperienza di Don Milani

"Dicesi commerciante colui che cerca di contentare i gusti dei suoi clienti. Dicesi Maestro colui che cerca di contraddire e mutare i gusti dei suoi clienti"[100]. Nel pensiero di Don Milani, la scuola era il luogo ove si formava il senso critico e dove il singolo imparava a reagire ai condizionamenti e così il sacerdote di Barbiana definiva il ruolo del docente.

Il suo pensiero, è bene sottolinearlo, si sviluppa e si manifesta precedentemente al maggio francese ed anticipa e trae successivamente forza dal Concilio Vaticano II e dal pontificato di Papa Giovanni XXIII, che resterà impresso nella storia e nella memoria come l'apertura del cattolicesimo verso le pulsioni e le nuove esigenze della società civile.

Don Milani aveva intuito la portata dei processi di mercificazione ed il clima consumistico che di lì a poco avrebbero bollato come antimoderna e retrograda la difesa di stili di vita consolidati che ostacolavano[101] la nascente società dei consumi e la prossima industria del divertimento giovanile.

---

[100] Cfr. Furio Pesci, *L'attivismo Rimosso*, Tirrenia, Torino, 2000, pp.168-169.
[101] Cfr. Stefano Boninsegni, *New Economy*, Settimo Sigillo, Castello, 2003

Il testo"*Anche le oche sanno sgambettare*"[102] riferisce di un incontro avvenuto nel 1965 a Vicchio nel Mugello in cui il sacerdote prese una posizione netta contro la nascente industria dei divertimenti di massa e con parole dure affrontò ragazzi e ragazze, ben disposti peraltro a seguire le mode create ad arte. L'incontro fu registrato e poi trascritto da Michele Gesualdi, un suo allievo che divenne successivamente sindacalista della CISL. Era successo che, durante il carnevale del 1965 a Borgo San Lorenzo, in una scuola media i ragazzini e le ragazzine avevano avuto da parte del preside il permesso di ballare in classe. Don Milani si confrontò sull'argomento con Mario Becchi, ex sindaco di Vicchio, alcune ragazze, una professoressa e il gestore di una sala da ballo:

Mario: "*Io credo che molti giovani vadano dietro alla corrente. Di solito gli piace quello che è di moda, non quello che gli piacerebbe davvero.*"

Una Ragazzina: "*Io della moda prendo quello che mi piace, non quello che non mi piace.*"

Don Lorenzo: "*Senti cara, a Parigi o a New York. otto o dieci anni fa, un ricco signore padrone, oppure un gruppetto di ricchi signori e padroni di tutta una catena di case discografiche, decisero di far ballonzolare le bambine dal polo nord fino al polo sud. Compreso la sala di Borgo o di Vicchio. Lo decisero, fissarono tutto, fecero fare questi dischi, fecero gli stampi, li stamparono in milioni di copie, poi fecero in modo che i giornali e la televisione presentassero quel dato ballo e, improvvisamente, nello stesso giorno, appena pigiarono il bottone da New York o da Parigi, tutti i ragazzini e le*

---

[102] Cfr. Don Lorenzo Milani, (a cura di Carlo Galeotti), *Anche le oche sanno sgambettare*, Millelire, Viterbo, 1995

ragazzine del mondo hanno fatto finta di amare quel ballo. Non raccontiamo storie, perché è andata così. E Mario su questo punto è perfettamente d'accordo con me. Nessuno di voi ha scelto nessuno dei balli che ballate, ma li avete presi così come ve li hanno dati. Se qualcuna di voi avesse voglia di ballare il minuetto non c'è verso, il minuetto lo ballava la vostra trisnonna".

Le sue parole suonano come una filippica contro il sistema e i suoi volenterosi clienti inconsapevoli, un sistema complesso che punta al "cliente ideale" e non a formare il cittadino[103] responsabile e meno che mai il cristiano. Nel prosieguo delle sue argomentazioni[104] il sacerdote e profeta arrivò a dire alle ragazzine:" *Se fissano a New York che quest'anno ballate l'Aida,voi ballate l'Aida, se fissano che ballate la messa da morto, ballate la messa da morto. La vostra libertà è di scegliere entro i limiti delle poche possibilità che vi danno, cioè di ballare un Twist o una Madison. Ma non di ballare o pensare. Non di ballare o regnare e essere padroni del vostro voto, del vostro pensiero. Non di ballare oppure vincere discussioni, Non di ballare o convincere le persone di cui parlate. Purtroppo la mia previsione è che sarete pecore, che vi piegherete completamente alle usanze, che vi vestirete come vuole la moda, e passerete il tempo come vuole la moda..."*

A partire dagli anni Sessanta la realtà dei paesi industrializzati vide effettivamente una presenza massiccia dei Mass-Media[105] nella trasmissione della cultura e degli stili di vita.

---

[103] Cfr. Don Lorenzo Milani,(a cura di Carlo Galeotti),*Anche le oche sanno sgambettare*, Millelire, Viterbo, 1995
[104] Cfr. Don Lorenzo Milani, (a cura di Carlo Galeotti), *Anche le oche sanno sgambettare*, Millelire, Viterbo 1995. Pag.34
[105] Cfr. Simonetta Ulivieri, Leonardo Trisciuzzi, *Il bambino televisivo, infanzia e TV tra apprendimento e condizionamento*, Giunti e Lisciana, Petriccione, 1993,pag.3. " I mass-

La televisione[106], in particolare, invenzione fra le più innovative in materia di condizionamento culturale, diffondendosi in Italia, riuscì a condizionare in modo crescente il linguaggio comune e l'immaginario collettivo e perfino a produrre e trasmettere programmi di carattere pedagogico e divulgativo.

Il rapporto tra il mezzo di comunicazione e colui che riceve il messaggio è infatti un rapporto[107] unidirezionale, in cui il ricevente, ovvero il telespettatore, ha un ruolo tendenzialmente passivo e, salvo casi specialissimi, si pone in una condizione d'inferiorità rispetto alla macchina e al linguaggio televisivo che veicola.

Pur in presenza di aspetti con positive ricadute, la capacità di condizionamento del mezzo televisivo[108] ha sempre una natura diversa e opposta rispetto all'attività del docente.

---

media, in particolare, la televisione hanno rivoluzionato il rapporto che le persone avevano con la trasmissione della cultura, dando alla diffusione e alla circolazione delle conoscenze, nei più disparati campi e livelli, una dimensione mondiale. Tuttavia, questo nuovo sviluppo della trasmissione sembra inversamente proporzionale alla capillarità della sua diffusione: le informazioni in pratica vengono ad appiattirsi, omologandosi sulla lunghezza d'onda di notizie,controllate dalle grandi reti di diffusione nazionali e internazionali, sempre più basate sulla suggestione coinvolgente delle immagini."

[106] Questa potenzialità rivoluzionaria della televisione fu intuita, ad esempio, dal regime nazista che fin dalle olimpiadi di Monaco stava organizzando un sistema televisivo. I primi apparecchi televisivi erano posseduti da pochi facoltosi privati o collocati in alcuni luoghi pubblici. Le trasmissioni vennero fatte chiudere nell'ottobre del 1944 a causa dei bombardamenti alleati che smantellarono gli impianti di radiodiffusione. Questo primo bombardamento sulla televisione del nemico per tacitarne la potenza propagandistica ha fatto scuola. Per una sintesi sulla storia della televisione cfr. *https://it.wikipedia.org/wiki/Storia_della_televisione*

[107] Pierpaolo Pasolini in una celebre intervista con Enzo Biagi sottolineò l'aspetto univoco e alienante, di predica ex cattedra da superiore a inferiore, della televisione degli anni Sessanta e inizio Settanta.*https://www.youtube.com/watch?v=MFL3hQIiDYY*. Il poeta di Carsara sottolineò il contributo della televisione e dei media e dei termini tecnologici nel livellare e diffondere la lingua italiana presso tutti i ceti sociali *cfr. https://www.youtube.com/watch?v=wkqoc8blFvI*

[108] Scrisse Don Milani in un suo testo dove analizzava la pratica e il concetto della ricreazione: "*E infine c'è il male intrinseco più profondo di tutti. Cine e televisione (così*

Colui che insegna dovrebbe infatti favorire negli allievi dei processi di approfondimento delle conoscenze e delle competenze e tendere, ieri come oggi, a stimolare i loro interessi e le loro curiosità per motivarli e per determinare processi formativi e auto-formativi. Negli ultimi anni della sua vita, Don Milani vide arrivare i primi segnali[109] della società dei consumi perfino presso i paesi della montagna fiorentina e ne intuì le potenzialità di plagio e condizionamento nei confronti di ampie parti della popolazione poco istruita e bisognosa di riscatto sociale.

Egli osservò nel corso della sua attività pastorale ed educativa che le capacità e i meriti dei giovani erano, e sono ancora oggi, condizionati dall'ambiente sociale e dal ceto d'appartenenza prima ancora che lo scolaro o lo studente venga inserito nel sistema scolastico. Nonostante il fatto che la Costituzione Italiana indichi i "capaci e meritevoli"[110] quali soggetti degni di ricevere sostegno nel loro percorso di studi, le diverse forze politiche che si sono alternate alla guida della Repubblica non hanno mai effettivamente voluto o potuto cogliere il limite fortissimo che le condizioni sociali e culturali ambientali o della famiglia d'origine esercitano sugli studenti e sulle studentesse. Le differenze che tuttora permangono fra il dettato costituzionale e la sua reale applicazione nella concreta materialità di tutti i giorni dimostrano in modo evidente la mancata

---

come sono ora) si propongono lo svago come fine supremo. Esistono quasi solo in funzione del divertimento di milioni d'uomini che vogliono perder tempo e vogliono distrarsi Milioni d'uomini che non sentono su di sé la chiamata imperiosa a usarlo bene questo breve tempo d'esame che Dio ci ha dato. In questo senso Cine, radio, e televisione sono istrumenti di ateismo attivo" Don Lorenzo Milani, *La ricreazione*, Libreria Editrice Fiorentina, Firenze, 2007, pp77-78

[109] Cfr. Furio Pesci, *L'attivismo Rimosso*, Tirrenia, Torino, 2000,pp.168-169

[110] Cfr. Ernesto Balducci, Pierluigi Onorato, *Cittadini del Mondo*, Principato,Milano, 1989, pag.191

realizzazione del proposito dei costituenti in materia di "capaci e meritevoli".

Il celebre lavoro collettivo "Lettera ad una Professoressa", diretto e creato da Don Milani, fu una denunzia lucida e spietata del carattere classista, punitivo e selettivo della scuola italiana, in cui le differenze fra il padrone e il suo operaio passavano anche dal numero di parole di vantaggio che il primo aveva sul secondo. Questo accadeva perché la scuola discriminava pesantemente i figli delle classi più povere ed era calibrata sulla cultura e sui tempi di vita del figlio del dottore. Don Lorenzo Milani, con parole semplici e forti, riuscì a spiegare alla pubblica opinione di allora che il figlio del dottore, il famoso Pierino, avrebbe avuto un numero maggiore di possibilità rispetto a Gianni, figlio di contadini poveri, di essere nel numero dei "capaci e meritevoli" e di essere nel numero di coloro in grado di ottenere un successo scolastico.

La contestazione avviata da "Lettera a una professoressa" mise dunque l'insegnante e il suo sistema di valori al centro della critica, evidenziando come questa situazione fosse figlia di una volontà selettiva e classista del sistema. Da qui la necessità, che Don Milani avvertiva come sacerdote e come docente, di aiutare gli oppressi a conservare *"la coscienza di sè e impedire qualsiasi appiattimento conformistico che avrebbe fatto il gioco dei poteri economici e della borghesia al governo; Don Milani si chiedeva perché gli operai "scimmiottassero" tanto gli usi e i costumi borghesi e si rispondeva che lo facevano per dimenticarsi d'essere operai... Questo disimpegno era la fine di ogni autentico riscatto"*[111].

---

[111] Ibidem.

Della grande lezione morale e spirituale del sacerdote di Barbiana pare oggi sopravvivere nei suoi più attenti lettori la certezza[112] che le forme di analfabetismo nella presente società del benessere sono ancora più gravi rispetto al passato, perché creano una barriera forte anche se invisibile fra i detentori degli strumenti per decifrare i complessi linguaggi del presente e coloro che, esclusi, potranno solo subire questi portati della cultura umana.

Per questo motivo, pronunciando frasi suonate ai più certamente oscure, Don Milani aveva sempre sostenuto che *"la povertà dei poveri non si misura a casa, a pane, a caldo. Si misura sul grado di cultura e sulla funzione sociale"*[113].

Tale dimensione salvifica della Pubblica Istruzione emerge anche in una riflessione di Nando Dalla Chiesa, uomo politico ed intellettuale, che nel suo libro *"La scuola di Via Pasquale Scura, appassionato elogio dell'istruzione pubblica in Italia"*, fa un parallelo fra i ragazzi di Don Milani e le condizioni della scuola in certi rioni di Napoli[114].

Per l'autore la scuola negli anni di Don Milani, oltre ad essere un valore di per sé, rappresentava per i ceti poveri della penisola la chiave per accedere a una qualche forma di ascesa sociale, in una realtà intessuta di rapporti con la criminalità organizzata, nella quale il rispetto della collettività e l'ascesa sociale passano da canali altri e "concorrenti" rispetto a quelli scolastici. Allo scopo di non restituire al lettore una figura del sacerdote di Barbiana troppo staccata dal

---

[112] Su Don Milani cfr. Balducci Ernesto, *L'insegnamento di Don Lorenzo Milani*, Laterza, Bari, 2002

[113] Cfr. Furio Pesci, *L'attivismo Rimosso*, Tirrenia, Torino, 2000, pp.168-169

[114] Cfr. Dalla Chiesa, Nando, *La scuola di Via Pasquale Scura, appassionato elogio dell'istruzione pubblica in Italia*, Filema, Napoli, 2004. pp. 90-93

contesto, appare necessario ricordare l'esito della vicenda processuale legata al testo "L'obbedienza non è più una virtù", che don Milani scrisse in replica al comunicato di un'assemblea di cappellani militari. La pubblicazione della sua risposta da parte della rivista di sinistra Rinascita, causò al sacerdote la sospensione *a divinis* e la denuncia alla Procura della Repubblica di Firenze per apologia di reato. Si trattò della difesa dell'obiezione di coscienza, e in tempi nei quali si profilava il rischio della guerra nucleare tra le due superpotenze. Stupisce ancor oggi l'estrema cattiveria politico-giudiziaria che si mosse contro il sacerdote e contro il vicedirettore responsabile di Rinascita. I processi furono due[115], e nel secondo il vicedirettore Luca Pasolini fu condannato a cinque mesi e dieci giorni, mentre per il priore di Barbiana il reato veniva "estinto per morte del reo". Risulta che prima di morire[116] "l'ex-signorino" Lorenzo Milani con ironia abbia detto: *"Un grande miracolo sta avvenendo in questa stanza: un cammello che passa per la cruna di un ago"*.

2. La scuola si riforma

La portata distruttiva e dissacratrice del 1968 nel settore culturale è certamente ascrivibile all'emergere di una società dei consumi che non aveva bisogno di vecchie forme di cultura, famiglia, decoro borghese e che poteva quindi tollerare la dissacrazione dei valori su cui si erano formate o uniformate le generazioni precedenti.

---

[115] Carlo Galeotti (a cura di) , Don Lorenzo Milani, l'obbedienza non è più una virtù e altri scritti pubblici, Stampa Alternativa, Roma 2003
[116] Ibidem, p.149

Ma in realtà fu l'atroce guerra del Vietnam, rovinosamente perduta dagli Stati Uniti, l'elemento che favorì l'accendersi della contestazione giovanile e il nascere di forme ora pseudo-rivoluzionarie ora utopistiche di contestazione dell'ordine costituito e dei costumi, dei moralismi ipocriti della società borghese.

Questo conflitto, infatti, aveva cominciato a prendere forma già nel lontano 1944 quando il leader Comunista Hồ Chí Minh e il futuro generale Giap avevano condotto con forze limitate una guerriglia partigiana contro l'occupante giapponese. Dal 1946 al 1954 la guerra continuò contro il colonialismo francese a cui si sostituì, a partire dagli anni Sessanta, l'intervento statunitense a sostegno del governo del Vietnam del Sud. Un intervento armato che ebbe luogo prima con migliaia di consiglieri militari sotto la presidenza del democratico Kennedy e poi direttamente con le forze armate americane sotto la presidenza di Lyndon Baines Johnson, già vicepresidente di Kennedy. Negli anni Settanta sotto la presidenza del repubblicano Nixon gli Stati Uniti cercarono di uscire, per mezzo di trattative di pace, da un conflitto che si era ormai esteso alla Cambogia e al Laos ed era divenuto largamente impopolare presso le popolazioni statunitensi e dell'Europa.

Il terreno era dunque maturo e propizio a cambi di mentalità, e ciò soprattutto in Italia, dove le pulsioni culturali d'oltreoceano, la musica statunitense ed inglese, l'avvento del divismo e dei consumi superflui avevano eroso e reso ridicolo l'autoritarismo di cui erano intessuti i rapporti sociali, familiari e scolastici.

Inoltre proprio il divismo[117] di eroi e star del cinema, della musica leggera, dello sport e dello spettacolo proponeva modelli e stili di vita seducenti che incoraggiavano la critica radicale della società e i tentativi di fuga dalla realtà.

Il paese legale si presentava alla sfida dei tempi con un ritardo tanto incredibile quanto straordinario[118], ed ancora nel 1963 un giornalista italiano ricordava alle signorine italiane che, ai sensi dell'art.725 del Codice Penale, potevano essere arrestate a causa della ridotta lunghezza dei pantaloncini da mare o della minigonna.

Occorre ricordare, in questo contesto di tabù a sfondo sessuale e repressione culturale, il singolare destino della trasposizione cinematografica da parte del regista Zeffirelli di "Romeo e Giulietta", considerata da tanta parte della critica la migliore finora realizzata.[119] Il film, uscito nel 1968, fu bollato come 'film per adulti' e alla giovane attrice sedicenne Olivia Hussey, che interpretava il ruolo di Giulietta, fu impedito di vedere le scene che aveva girato.

Mentre perduravano concezioni arcaiche di moralità si formava un mondo nuovo che era la manifestazione del nuovo Potere.

Esso creava una propria cultura, dissolveva le precedenti culture borghesi, operaie, contadine, ed appariva di conseguenza destinato ad asfaltare quella moralità che limitava la nascente industria dei divertimenti giovanili e delle mode.

---

[117] Cfr. Balducci Ernesto, Pierluigi Onorato, *Cittadini del Mondo*, Principato, Milano, 1989, pag.76

[118] Cfr. Dennis Mack Smith, *Italia del 20° secolo*, Rizzoli, Milano, 1978, pp.254-255

[119] 'Il Fatto Quotidiano' del 15 agosto 2018 riporta un articolo approfondito su questo episodio. Il film vinse due Oscar e tre Golden Globe.

Per ciò che riguarda l'apporto dato dal Maggio francese e dal 1968 italiano alla grande discontinuità di valori, cultura e rapporti nella società italiana occorre considerare la lezione data da Pierpaolo Pasolini[120] secondo il quale il 1968 aveva aiutato il potere, quel nuovo potere costituitosi con il formarsi della società dei consumi. Così si espresse il poeta e regista nel dibattito televisivo "Controcampo" del 20 ottobre del 1973: *"Non sono i giovani che sono cambiati. E' il potere che è cambiato. Il potere che ha trasformato dentro il proprio mondo, dentro il proprio universo, i propri valori: per uno di quei fenomeni che la filosofia e la sociologia spiegano, per cui molte volte dentro un'entropia si hanno dei mutamenti non causati apparentemente da nulla"*.

La conclusione del suo ragionamento fu poi la seguente: *"Ricordiamo l'elenco che ho fatto prima: i rivoluzionari e i contestatori del sessantotto volevano essere dei buoni cittadini? No. Volevano essere dei buoni soldati? No. Volevano essere delle persone perbene, previdenti? No. Volevano essere dei tradizionalisti? No. Dei buoni cittadini e dei bravi religiosi? No. Praticamente il sessantotto ha aiutato il nuovo potere a distruggere quei valori di cui il Potere voleva liberarsi"*.

E riguardo al motivo per cui l'uomo legato ai valori precedenti non era più utile al potere, lo stesso Pasolini dichiarava in modo lapidario che *"al posto di questo tipo di uomo, il potere vuole che l'uomo sia semplicemente un consumatore"*.

---

[120] Cfr. Mauro Anselmo, *Il sessantotto ha aiutato il potere*, Storia Illustrata, Mondadori, Milano, n.339, febbraio 1986

Nel passaggio fra gli anni Sessanta e gli anni Settanta del Novecento la società dei consumi in ascesa nel Belpaese minacciò di distruggere anche il senso del sacro e della fede.

Un Pasolini lucidissimo come non mai, il 17 maggio del 1973 sul Corriere della Sera, interpretò una pubblicità volgarotta che associava la frase evangelica "chi mi ama mi segua" a un paio di chiappe femminili rivestite di jeans come un segno della perdita di senso e di potere della religione tradizionale. A tal proposito egli scrisse: *"Il futuro appartiene alla giovane borghesia che non ha più bisogno di detenere il potere con gli strumenti classici; che non sa più cosa farsene della Chiesa, la quale, ormai, ha finito genericamente con l'appartenere a quel mondo umanistico del passato che costituisce un impedimento alla nuova rivoluzione industriale; il nuovo potere borghese infatti necessita nei consumatori di uno spirito totalmente pragmatico ed edonistico...c'è in esso (l'autore si riferisce allo slogan) un interesse anche positivo, cioè la possibilità di ideologizzare, e quindi di rendere espressivo, il linguaggio dello slogan e quindi presumibilmente, quello dell'intero mondo teologico...lo slogan non si limita a comunicare la necessità del consumo, ma si presenta addirittura come la nemesi, sia pur incosciente, che punisce la Chiesa per il suo patto col Diavolo"*.

La realtà che avanzava dissolveva anche il piccolo mondo della scuola con le sue certezze, i suoi formalismi e i suoi limiti, ed è alla luce del nuovo contesto di questi anni che si spiega la grande difficoltà della scuola ad operare, a raccogliere un consenso intorno al suo operato e a seguire dei percorsi senza che le macerie dei modelli precedenti fossero state rimosse. Gli esseri umani erano andati incontro a una tale mutazione antropologica che, negli anni compresi fra il 1968 e il 1974, la contestazione dei valori tradizionali e dell'ordine costituito contribuì non poco a sgretolare la residua dignità e il prestigio della figura del docente nella società italiana. Una rapida descrizione delle mutazioni della pubblica istruzione nella seconda metà del Novecento è data da Pietro Romei[121]: *"La scuola ha progressivamente mutato ruolo e funzioni all'interno del sistema sociale: da meccanismo di riproduzione sociale (la scuola d'elite) è cambiata in meccanismo di promozione sociale (la scuola di massa) per diventare un meccanismo di compensazione e manutenzione sociale (la scuola attuale)"*.

Irrisolta rimase anche la questione della formazione del personale docente[122] e della sua assunzione che procedeva spesso in modo caotico, con concorsi discutibili e manipolazioni a sfondo politico, con uno scadimento netto delle qualità professionali del personale assunto dallo Stato.

I cinque decreti delegati del 31 maggio 1974 riflettevano il tentativo di avvicinare la scuola al territorio, alla società, ai problemi quotidiani e alle pressanti richieste che provenivano dal basso, una scuola che intendeva essere una realtà capace di entrare in rapporto con una più larga comunità civile.

La contestazione giovanile della politica e della società nel suo insieme spinse la classe dirigente democristiana a promulgare una riforma del sistema-scuola per tacitare le troppe voci di contestazione e protesta e contemporaneamente per procedere alla relativa apertura del sistema universitario.

---

[121] Cfr. Romei Piero, *Guarire dal Mal di scuola,*La Nuova Italia, Scandicci, 1999.pag.36
[122] Cfr. Antonio La Penna, *Sulla Scuola,* Laterza, Bari, 1999, pp.108-110

Precedentemente intere categorie di studenti si erano viste negare la possibilità d'iscriversi all'università. Molti erano stati esclusi a causa della scelta del tipo di scuola media superiore in quanto gli accessi erano, prima della liberalizzazione, vincolati al tipo di diploma. I diplomati che uscivano dai licei erano privilegiati nell'accesso all'università rispetto a tutti gli altri ordini di scuola superiore. Questo libero accesso con una moltiplicazione degli iscritti alle diverse facoltà da un lato creò un trauma nell'università, che non era stata concepita per una massificazione dell'accesso ai corsi, ma dall'altro contribuì ad accentuare nella società italiana la consapevolezza dell'importanza della pubblica istruzione.

La scuola diventò parte di strategie familiari di coloro i quali speravano che l'iscrizione dei propri figli all'università potesse rappresentare in futuro una reale possibilità di riscatto non solo materiale ma anche morale e psicologico. *"Anche l'operaio vuole il figlio dottore"*[123] divenne una strofa celebre di una dura canzone di protesta del periodo: *Contessa* di Paolo Pietrangeli.

La post-modernità: quali saperi per la Terza rivoluzione industriale?

1. Emergere di nuovi bisogni e scardinamento di tradizioni

Mondi culturali diversissimi si presentavano e s'imponevano nell'immaginario collettivo degli italiani proprio a cavallo fra gli anni Settanta e Ottanta, e in qualche misura agivano sulle diverse parti del popolo italiano, condizionandone il giudizio di sé e del

---

[123] *http://wikitesti.com/contessa_-_paolo_pietrangeli/*

mondo. Sul piano politico sconvolgente presso tanta parte della popolazione fu l'indebolimento della credibilità dei partiti politici, spesso individuati come fonte di moltiplicazione di attività corruttive e di fallimenti sul piano ideologico. Del resto la cronaca politica del periodo era attraversata dagli ultimi echi della stagione del terrorismo e delle stragi; a ciò si aggiungeva una crisi crescente del sistema dei partiti che assicuravano governi di centro frutto di coalizioni tendenzialmente deboli, necessari però al mantenimento dei delicati equilibri nazionali ed europei in un contesto di guerra fredda e di scontro fra il blocco comunista e gli Stati aderenti al Patto Atlantico.

Un'ulteriore trasformazione riguardava poi la congiunzione fra televisioni, radio private e mercato pubblicitario, una fusione alchemica di potenze creatrici dell'immaginario collettivo che portava a compimento la profezia pasoliniana della creazione nella penisola di un nuovo tipo di essere umano: il consumatore.

A partire dal 1974 una sentenza della Corte Costituzionale intorno al caso giudiziario di una tv privata, "Retebiella", aveva posto all'attenzione della pubblica opinione e del sistema politico il problema della rottura del monopolio radio-televisivo di Stato.

Il caso era quello di una emittente via cavo realizzata da un ex regista della Rai, Giuseppe Sacchi, il quale si era accorto che la legge sul monopolio radio-televisivo risaliva al 1936 e non comprendeva la televisione via cavo, allora inconcepibile.

Dal salotto di casa sua egli iniziò a trasmettere, e nel giro di un anno la sua iniziativa divenne fonte di un contenzioso legale a causa di un DPR che unificava in una sola categoria le diverse forme di comunicazione con mezzi radio-televisivi. Il problema della chiusura dell'emittente divenne subito un grave fatto politico che causò la caduta del governo Andreotti e su di esso si pronunciò la Corte Costituzionale a favore del diritto alla libertà di parola e di pensiero anche attraverso la radio e la televisione.

Dietro la questione di principio c'era la possibilità di creare un grande mercato pubblicitario veicolato dalle televisioni e dalle radio private. L'accoglimento da parte del potere politico della pressante richiesta di togliere il monopolio per creare forme di libera impresa e comunicazione attraverso l'etere, aprì così la strada alla stagione delle reti radio e radio-televisive private, le quali per sopravvivere[124] avrebbero dovuto cavalcare le mode e le tendenze ed avere buone entrate grazie alle inserzioni pubblicitarie.

A tal proposito ricorda Giovanni De Luna[125]: *"Con gli anni Ottanta, il falò acceso dal boom economico assunse i tratti di un incendio di proporzioni gigantesche, alimentato da una significativa trasformazione della società italiana. Fu a partire da allora che gli investimenti pubblicitari indirizzati verso la televisione presero a galoppare a ritmo vertiginoso, passando da poco più di quattrocento miliardi di lire correnti nel 1982 a una torta complessiva di oltre cinquemila nel 1992. Pubbliche o private, tutte le reti televisive si affollarono di programmi che vendevano emozioni per provocare emozioni e vendevano contemporaneamente, attraverso la merce-emozioni, il proprio prodotto, mettendo in mostra indifferentemente gioia e dolore,*

---

[124] A questo proposito risulta emblematico il caso fiorentino di Radio Cento Fiori formatasi in questo periodo in un ambiente di giovani sinistra e d'iscritti al PCI che si trasformò tra gli anni Settanta e Ottanta in una radio commerciale. Cfr. Maurizio Izzo, *Radio Cento Fiori, una radio degli anni Ottanta*, AIDA, Firenze,2005

[125] Giovanni De Luna, *Una politica senza religione*, Torino, Einaudi,2013, pag.125

felicità e lutto, amore e morte, in una macchina scenica tanto potente quanto sostanzialmente indifferente ai suoi contenuti".

Si andava quindi delineando in Italia, assieme alla moltiplicazione degli home computer nelle case, (i famosi Spectrum e Commodore furono fra i primi), un linguaggio dei desideri e delle aspirazioni di promozione sociale della popolazione che passava per l'immaginario pubblicitario e per l'intrattenimento televisivo.

E' noto che una delle condizioni ideali per la costruzione di comportamenti collettivi di sostegno ad un consumismo spinto è generalmente quella di trovare una collettività o una società i cui valori tradizionali siano al collasso.

Certe tendenze in atto si configurano come un processo di "sradicamento universale" con i relativi *"annessi interessi economici che necessariamente veicola se non altro perché, come dimostrano molti studi effettuati in materia, per inondare i popoli di merci occorre innanzitutto averne distrutto le culture."* [126]

In effetti, a livello di televisione, i cartoni animati di Walt Disney, i telefilm, i grandi kolossal di Hollywood portati sul piccolo schermo nelle case italiane, direttamente in cucina o in salotto, trasmisero tra la fine degli anni Settanta e i primi anni Ottanta il mito[127] dei valori dell'*American way*, termine traducibile con "stile di vita statunitense". L'immissione del mito legato allo stile di vita statunitense ebbe una sua plastica materializzazione nel programma televisivo Drive In[128], un programma di genere comico, e per i tempi perfino con una punta di erotismo, innovativo e fortunato, che

---

[126] Cfr. Stefano Boninsegni, *Dai diritti dell'Uomo ai doveri del Manager, verso un immaginario in frantumi*, in Diorama Letterario, n.256
[127] https://it.wikipedia.org/wiki/American_way
[128] https://it.wikipedia.org/wiki/Drive_In_(spettacolo_televisivo)

si rivelò essere allora la punta di lancia dell'intrattenimento televisivo delle emittenti private del cavalier Berlusconi.

Nella finzione del piccolo schermo la messinscena avveniva nel Drive In, che riproponeva appunto un locale tipico dell'*American way*. Non fu questa tuttavia l'unica cultura o se vogliamo l'unica manifestazione di Soft power[129] di una potenza industriale.

A fronte del Soft power dell'*American way* faceva capolino in Italia anche la civiltà del Giappone imperiale ricostruitosi come nazione democratica dopo esser uscito distrutto dalla guerra. Il fascino del Giappone e dell'Estremo Oriente si fuse e confuse in quel periodo con la moltiplicazione dei film e delle palestre di arti marziali.

A partire dal 1978 e per tutti gli anni Ottanta, per motivi anche meramente commerciali e di costi, le televisioni italiane furono invase da una lunga serie di produzioni di cartoni animati giapponesi[130]. Ai mitici supereroi statunitensi protettori dell'*American way* come Superman, i Fantastici Quattro, Spiderman, Batman, il supersoldato statunitense Capitan America, Wonder Woman si contrapponevano gli eroi e le eroine "*made in Japan*" come Capitan Harlock, Lady Oscar, Candy Candy, Jeeg Robot, e ovviamente i piloti di Mazinga e Goldrake, in una lotta fra giganti[131] finalizzata a catturare l'attenzione dell'infanzia e della pre-adolescenza italiana.

---

[129] https://it.wikipedia.org/wiki/Soft_power

[130] Non è possibile per brevità di spazio trattare un argomento che di recente ha visto un moltiplicarsi di saggi e studi. Per una visione d'insieme del fenomeno articolato e complicatissimo cfr. Marco Pellitteri, *Mazinga Nostalgia, storia, valori e linguaggi della Goldrake-generation 1978/1999*, Coniglio Editore, Foligno,2008

[131] Cfr. Ivan Baio, *Supereroi, Araldica e simbologia dell'eroismo dai miti classici a Superman e The Authority*, Tunuè, Latina,2006. Roberta Ponticiello, Susanna Scrivo (a cura di),*Con gli occhi a mandorla, sguardi sul Giappone dei cartoon*, Tunuè, Latina,2006.

Questi eroi venuti dall'Estremo Oriente erano personaggi della grande industria dell'intrattenimento,ma al tempo stesso offrivano la visione di valori di carattere altruistico e comunitario e di un mondo culturale proiettato verso il futuro.

Proprio la natura dei valori veicolati e quella esotica, fantastica o fantascientifica dei contesti in cui tali valori erano inseriti, rivelavano il provincialismo in cui era immersa la maggior parte della popolazione italiana che non aveva avuto intellettuali o imprenditori in grado di coniugare la grande tradizione culturale della penisola con le nuove forme industriali dell'intrattenimento e dello spettacolo e, cosa ancor più inquietante, con l'allora emergente industria dei videogiochi. Non mancavano nelle serie di maggior spessore e successo elementi critici verso aspetti degenerativi della civiltà industriale come l'inquinamento, il pericolo di una scienza e di una tecnologia fuori controllo e la paura di guerre combattute con robot e superarmi. Inoltre erano presenti, in molte serie di carattere bellico, i temi dell'eroe votato alla difesa della comunità, il senso dello spirito di sacrificio e dell'auto-sacrificio, la presa di posizione fra il bene e il male, la difesa dell'onore.

Anche le eroine femminili, con buona pace di un certo pseudo femminismo nostrano allora ipercritico, presentavano modelli forti di emancipazione in serie animate che raccontavano di ragazze, e talvolta di donne, forzate ad affrontare e vincere grandi avventure, tragedie familiari e difficoltà di ogni tipo.

Anche se la messa in onda sulla reti locali è del 1983, e quindi sfasata rispetto alla prima grande immissione di cartoni animati giapponesi, è opportuno ricordare per via dell'enorme successo avuto la serie di Lamù. Si trattava di una serie che metteva assieme ambientazione scolastica, tradizione e leggende giapponesi, fantascienza, comicità e demenzialità ma era prima di tutto una storia di vero amore.[132] La storia è quella dell'aliena Lamù che, sconfitta in una gara dal liceale Ataru Moboroshi, con un colpo di fulmine se ne innamora e va a convivere e a studiare con lui. La ragazza indossa comunemente il bikini tigrato, ha i capelli blu e due corna ma per il resto è raffigurata come una top model.[133] La serie è costituita da 195 episodi (in più ci sono gli OAV), ed è forse quella che ha avuto maggiore impatto sugli adolescenti e pre-adolescenti degli anni Ottanta. Per una generazione di giovani telespettatori fu la prima rudimentale forma di conoscenza dei turbamenti dell'adolescenza e, per via delle avventure rappresentate, monito intorno alla natura spesso cattiva, grottesca e punitiva della società umana e, va da sé, della vita scolastica.

Mondi culturali diversi occupavano dunque le trasmissioni pomeridiane delle televisioni private e della RAI, inserendosi con forza nell'immaginario e nei sogni d'avventura della gioventù e dell'infanzia italiana. Sotto certi aspetti la presenza di questa diarchia, ora palese ora sottotraccia, perdura tuttora in una realtà in cui ai telefilm e ai film di Hollywood si contrappongono le novità dell'industria dell'animazione giapponese.

Manifestazione ancor più evidente di questa colonizzazione dell'immaginario collettivo della gioventù italiana di ieri e di oggi sembrano essere anche le grandi adunanze[134] di coloro che praticano

---

[132] Cfr..Marco Pellittieri, *Mazinga e Nostalgia. Storia, valori e linguaggi della Goldrake-generation.1978-1999*, Coniglio editore, Foligno, 2008 p.169

[133] Cfr. Daniel Valentin Suron, *Il dizionario dei cartoni animati*, Anton Torino 2009, pp.316- 317

[134] https://it.wikipedia.org/wiki/Cosplay

l'hobby del cosplay, in cui la maggior parte dei partecipanti in costume indossa i panni di un personaggio riconducibile a uno dei due sistemi industriali dell'intrattenimento e dello spettacolo.

Le stesse grandi adunanze di popolo, anche se in una cornice di dimensione spettacolare di massa per le masse, erano state per trent'anni in Italia tipiche del gioco del calcio.

Abituata ad esprimere una fede sportiva verso la squadra del cuore, una fede tipicamente campanilistica che si trasforma lentamente in una sorta di amore per le proprie origini di risulta[135], l'Italia visse fra gli anni Settanta e Ottanta un periodo in cui il professionista del gioco del calcio assurse a figura simbolica, in qualche caso a idolo delle folle dello stadio. I calciatori più famosi venivano immortalati negli album di figurine destinati ai bambini e ai pre-adolescenti fino a rappresentare per gli adulti veri e propri modelli di vita in quanto incarnazione di successo,virilità, bella vita e soldi facili. Erano gli anni dei fuoriclasse stranieri, degli ingaggi da favola e degli stadi pieni, ma anche delle partite truccate, delle illecite scommesse sui risultati e del calcio contaminato dal doping. Anni tragicamente e consapevolmente raccontati dall'ex giocatore Carlo Petrini[136] nel libro *"Nel fango del Dio Pallone"*, un libro[137] ancora scomodissimo per quanti hanno una fede calcistica.

Questa declinazione in termini minimali del nazionalismo si accompagnava a forme nostrane di speranze e passioni tipiche della società dei consumi e della sua socialità surrogata, e si traduceva

---

[135] Il nazionalismo italiano in questi anni ha come manifestazione tipica la nazionale di calcio e per un certo verso il campionato, manifestazioni di attaccamento occasionale domenicale a una discutibile e aleatoria, ma pur sempre calcistica, appartenenza.
[136] https://it.wikipedia.org/wiki/Carlo_Petrini_(calciatore)
[137] http://kaosedizioni.com/?p=457

nell'acquisto dei beni pubblicizzati, nell'imitazione, per quel che era possibile, delle mode.

Contemporaneamente, alla svolta antropologica consumista ed individualista, che altro non era che la scopiazzatura e la torsione italiana dell'*American way,* si aggiungeva la perdita di fiducia nelle ideologie che proponevano soluzioni rivoluzionarie o comunque sia universalmente emancipatrici. Tali eventi possono esser letti oggi come manifestazioni particolarissime dello sfascio delle culture originarie alimentato da quelle politiche economiche[138] di livello planetario incentrate sulla riduzione delle spese sociali e sulla potenza di persuasione delle agenzie pubblicitarie collegate ai sistemi di comunicazione di massa.

Risulta evidente che la metamorfosi culturale degli anni Ottanta finì per veicolare mode e stili di vita che coincisero con i tornaconti delle grandi multinazionali e dei ricchissimi detentori di significative quote azionarie delle medesime.

Una dimensione della civiltà industriale e del capitalismo questa che ristrutturava pesantemente il settore primario e secondario ma soprattutto il terziario, cambiando in profondità non solo la cultura e la vita quotidiana dei popoli da essa assorbiti ma anche i rapporti familiari e la continuità culturale fra le generazioni.

Proprio questo sembra esser stato anche il caso dell'Italia davanti alla terza fase della civiltà industriale quando, tra gli anni Settanta ed Ottanta, si riaprirono tra l'altro la questione dell'emancipazione femminile e quella della crisi della concezione comune della famiglia. Durante i primi due secoli di civiltà industriale,

---

[138] Cfr. Stefano Boninsegni, *Dai diritti dell'Uomo ai doveri del Manager, verso un immaginario in frantumi,* in Diorama Letterario, n.256

indicativamente dal periodo napoleonico fino alla Grande Guerra, il modello dominante di famiglia era stato quello di carattere borghese nel mondo urbano e quello cristiano-patriarcale[139] nel mondo rurale. La famiglia borghese, in particolare, aveva uno spazio proprio di carattere privato e uno pubblico, cosa che talvolta poteva condurre a una doppia morale e alla scissione ipocrita fra essere e mostrarsi in un certo modo in pubblico ed in privato. Inoltre il nucleo[140] familiare, ristretto a padre-madre-figli, creava uno spazio privato d'affetti e intimità volto a tutelare la serenità dei componenti da una civiltà industriale alienante e di per sé creatrice di inquietanti novità e di disordine. Già da tempo eroso, questo nucleo si ruppe definitivamente nel corso della seconda metà del Novecento e ciò avvenne in conseguenza delle due guerre mondiali che accelerarono anche in Italia il processo d'emancipazione del mondo femminile e d'integrazione della donna come forza lavoro nella terza civiltà industriale. Durante le prime due rivoluzioni industriali la donna fu immessa nel mondo del lavoro come operaia, insegnante, impiegata, centralinista, talvolta incrinando l'immagine di angelo del focolare sottomessa allo sposo. La società dei consumi e le necessità indotte dal vivere in una realtà connessa e mutevole spinsero le donne a cercare un lavoro o addirittura un secondo lavoro. L'accettazione di

---

[139] Cfr. Balducci Ernesto, Pierluigi Onorato, *Cittadini del Mondo*,Principato, Milano,1989, pp.36-37

[140] Cfr. Balducci Ernesto, Pierluigi Onorato, *Cittadini del Mondo*,Principato, Milano, 1989, pag.39 In particolare nel testo si osserva che *"mentre la società produttiva adotta la linea della concorrenza e quindi del trionfo dei forti sui deboli, la famiglia afferma che l'unica legge è l'amore. E così gli equilibri si ristabiliscono. O almeno sembra. In realtà, se la famiglia borghese regge è perché in essa sopravvive qualcosa della fase patriarcale, come la "patria podestà" ribadita dai codici, come lo sfruttamento del lavoro femminile non remunerato, come l'uso dei figli per l'affermazione delle ambizioni paterne e materne"*.

un ruolo lavorativo e sociale per la donna in un contesto nel quale essa godeva dei diritti politici e la presa di coscienza del fatto che la civiltà industriale non era mai stata pensata a misura della famiglia, scardinarono un intero mondo di valori.

Questa dissoluzione permise l'inserimento di diverse categorie di donne emancipate dentro il vorticoso divenire della società dei consumi. Ugualmente negli stessi anni, e più precisamente fra la Seconda Guerra Mondiale e gli anni Sessanta, si disgregava anche la famiglia patriarcale, dove più generazioni convivevano sotto lo stesso tetto. Dopo gli anni della ricostruzione post-bellica le campagne persero infatti gran parte dei loro abitanti a favore delle città in espansione e non mancarono per i giovani e i desiderosi di novità occasioni d'impiego che determinarono lo spopolamento delle campagne e di conseguenza, la marginalità o l'annientamento dell'antico mondo rurale. Nel 1975, anno in cui moriva Pierpaolo Pasolini, l'Italia aveva assunto le caratteristiche di una società permeata dal consumismo e integrata in una civiltà industriale di tipo capitalista. Era necessaria, di conseguenza, una riforma del diritto di famiglia che tenesse conto dell'autonomia dell'individuo, inscindibile a quel punto dai modelli consumistici proposti dai mezzi di comunicazione di massa.

Il nuovo diritto di famiglia[141] del 1975 riconobbe il rapporto paritario tra i coniugi sul piano economico ed educativo, l'abolizione della dote, l'equiparazione quasi completa di figli legittimi e illegittimi. In precedenza c'era stata di fatto una

---

[141] Cfr. Marco Fossati, Giorgio Luppi, Emilio Zanette, *Storia, concetti e connessioni*, vol.3, Mondadori, Milano, 2017, p.473. Ernesto Balducci, Pierluigi Onorato, *Cittadini del mondo*, Principato, Milano 1987

subordinazione della moglie alle scelte del marito mentre con la riforma entrambi i coniugi "acquistano gli stessi diritti e assumono gli stessi doveri", reciprocamente uno verso l'altro. Si trattava dell'ennesimo smantellamento per via giuridica di modelli arcaici e pre-industriali di concezione della famiglia e della vita.

Negli anni Ottanta vennero poi a formarsi le condizioni che avrebbero scatenato le trasformazioni in atto: egemonia dell'ideologia neoliberale, iperpotenza militare degli USA, privatizzazioni, espansione del mercato degli Home Computer, informatizzazione delle imprese, espulsione di forza lavoro nei paesi di vecchia industrializzazione e delocalizzazione delle imprese nei paesi in via di sviluppo, apertura di nuovi mercati, creazione di potenti apparati mediatici atti ad offrire ai pubblicitari nuove dimensioni per il successo del loro lavoro. Intanto la gioventù, pur essendo più istruita rispetto alle generazioni precedenti, trovava maggiori difficoltà a impiegarsi a causa della corruzione e del sistema delle raccomandazioni per trovare un lavoro, e ciò era determinato anche dal moltiplicarsi dell'automazione nei luoghi di lavoro e dai processi di globalizzazione.

Alla fine del decennio, proprio nel dicembre del fatale 1989, emerse in Italia una contestazione giovanile[142] critica verso metodi e saperi ed alla ricerca di strumenti nuovi per orientarsi nelle trasformazioni in atto. Essa non si presentava nelle precedenti forme politicizzate degli anni Settanta ed appariva invece come un movimento nuovo. Ciò accadeva mentre la fine della guerra fredda portava alla dissoluzione il Partito Comunista Italiano e danneggiava le rendite

---

[142] Il riferimento è al movimento studentesco della pantera,che aveva accenti nuovi dopo il relativo torpore degli anni Ottanta e che denunciava le condizioni materiali cattive di molte università https://it.wikipedia.org/wiki/Pantera_(movimento_studentesco)

di posizione del Partito Socialista e della Democrazia Cristiana che avevano impostato la loro fortuna politica sul contenimento delle forze di sinistra e su rapporti di forza in Europa resi stabili dalla presenza dei blocchi contrapposti.

2. Le riforme del nuovo millennio

A partire dalla Guerra del Golfo del 1991 e fino al settembre del 2001 si è dato un periodo di quasi indiscussa egemonia dei modelli culturali statunitensi e dell'ideologia neoliberale, complice anche l'evidente superiorità tecnologica, quantitativa e qualitativa delle forze armate americane. Superato il trauma della sconfitta in Vietnam grazie alla vittoria contro il regime iracheno, gli Stati Uniti si ponevano apertamente come unica superpotenza universale.

Negli stessi anni Novanta si apriva invece in Italia una crisi profondissima nel sistema dei partiti politici, incapaci di rispondere a una società divisa in egoismi locali e di ceto e ormai insofferente verso la diffusa corruzione e l'inadeguatezza della macchina statale a tutti i livelli. Il biennio 1992-1993 in particolare vide il sistema dei partiti disintegrarsi via via che la magistratura italiana iscriveva politici locali e nazionali nel registro degli indagati.

La dissoluzione[143] per via giudiziaria e mediatica della Prima Repubblica lasciava così spazio alla mai dichiarata fondazione della Seconda Repubblica e alla difficile partita politica della presenza italiana nell'Unione Europea.

---

[143] Carlo Tullio-Altan, *La coscienza civile degli italiani, valori e disvalori nella storia nazionale*, Einaudi Scuola, 2003, Milano, pp.131-143

A partire dal 1994 due grandi schieramenti politici, il centrodestra e il centrosinistra esprimeranno due importanti riforme scolastiche: la riforma Berlinguer per il centrosinistra e la riforma Moratti per il centrodestra. La legge 30/2000 o legge Berlinguer prevedeva il riordino dei cicli scolastici in tre fasi: infanzia, primaria e secondaria. Per la scuola primaria e secondaria si trattava di due cicli di sei anni che avrebbero rimesso in discussione tutta la struttura della scuola. L'idea di fondo era quella di creare le condizioni per l'uscita dei diplomati italiani dalle scuole superiori all'età di 18 anni. Si trattava, fra scuola elementare, media e secondaria, di tagliar via un anno per mettersi a regime con i sistemi scolastici europei e, se il discente avesse abbandonato la scuola prima, avrebbe dovuto effettuare una formazione professionale. Questa riforma prevedeva inoltre un concorso per il reclutamento dei docenti, l'istituzione delle SSIS per sanare le decine di migliaia di situazioni di precariato, e in prospettiva un sistema di valutazione dei docenti; ovviamente fu proprio nel mondo della scuola che essa incontrò le maggiori resistenze.

La successiva riforma Moratti del centrodestra abrogò la riforma Berlinguer e segnò il ritorno alla rinuncia a riformare in senso strutturale la scuola. Essa prevedeva la divisione dei cicli scolastici in scuola dell'infanzia, scuola primaria, scuola secondaria di primo grado, e scuola secondaria di secondo grado ed era ispirata a una concezione di scuola dell'obbligo come questione interna alla gestione dello Stato Sociale. La riforma Moratti inoltre rifletteva l'impostazione politica di natura mercantile e consumistica "*di matrice liberale, in virtù della quale anche l'istruzione, essendo un bene da distribuire secondo le regole della libera concorrenza, rientra nella tipologia dei prodotti Customer oriented; per l'altro il modello sussidiario, di matrice cattolica, che considera la scuola-istruzione non come soggetto "autonomo", ma come legatario a tempo della funzione educativa, di cui la persona in formazione e, dietro di lei, la famiglia, mantengono la piena titolarità."*[144]

Essa poneva poi una dualità fra il sistema dei licei e l'istruzione tecnica e professionale. Quest'ultima sarebbe passata alla regioni, grazie alla modifica dell'art. V della Costituzione[145] che ridefinì i rapporti fra Stato e autonomie locali, mentre i licei sarebbero rimasti in carico allo Stato. Si trattava di una riforma debole sul piano politico che, conseguentemente, ebbe poco consenso anche presso ambienti confindustriali e sindacali.

Nel 2006, arrivato di nuovo al potere il centrosinistra, l'intento fu quello di correggere il sistema scolastico con alcuni interventi, ma senza riformarlo radicalmente. Il ministero Fioroni innalzò l'obbligo scolastico a 16 anni, stabilì che le Regioni avrebbero avuto competenza sulla formazione professionale triennale, mentre l'istruzione tecnica sarebbe rimasta a carico dello Stato.

Vennero quindi date indicazioni nazionali per la scuola dell'infanzia e ripristinati nell'istruzione secondaria gli "esami di settembre", rinominati esami di riparazione.

Questi sette anni 1999-2006 di riforme annunciate e poi drasticamente ridimensionate o semplicemente scomparse segnarono proprio il predominio del linguaggio mercantile nelle

---

[144] Paolo Ferrantini, *Famiglia, Scuola e autonomia* in Angelo Malinverno (a cura di), *La scuola in Italia, dalla legge Casati alla Riforma Moratti (1860-2004)*, Unicopli, Milano 2006. pp. 220-221
[145]http://www.treccani.it/enciclopedia/costituzione-italiana-riforma-del-titolo-v-della (Dizionario di Economia-e-Finanza)/

scuole, come appare evidente nella denominazione stessa di crediti e debiti scolastici, da riparare, a partire dal Ministero Fioroni, con una sessione di esami a settembre. A tal proposito lo stesso ministro dichiarava in quel periodo[146]: *"In mancanza di una verifica seria sull'effettivo saldo dei debiti la scuola rischia di diventare come quelle banche coinvolte nella vicenda dei mutui subprime, con centinaia di migliaia di debitori costretti all'insolvenza e con le compagnie che le avevano concessi, ridotte in bancarotta"*.

La stessa logica mercantile ed economicistica determinò anche la legge Gelmini, quando tornò al potere il centrodestra durante il quarto governo Berlusconi. Questa legge, come è noto, fu caratterizzata da una serie di provvedimenti, atti e decreti legge fortemente voluti e sostenuti dal ministro dell'Economia Tremonti per questioni di bilancio e di razionalizzazione della spesa pubblica. Alcuni provvedimenti della riforma Gelmini, tra cui il ripristino del maestro unico (o meglio, per verità statistica, della maestra unica) nella scuola primaria, e la reintroduzione della valutazione in numeri decimali, furono come non mai oggetto di satira e di polemica, in quanto espressione di un orientamento tradizionale e conservatore. Nell'istruzione secondaria superiore furono invece quattro i segmenti designati: istruzione liceale, istruzione tecnica, istruzione professionale, e formazione professionale.

Di fatto l'impianto gentiliano della scissione in classi sociali e del primato dei licei non fu scosso dai dieci anni di riforme che segnarono l'alternarsi di governi di centrodestra e di centrosinistra fra il 1999 e il 2008 e che avrebbero in seguito formato il sedimento su cui si posa l'attuale legge 107 del governo Renzi.

---

[146] http://www.corriere.it/cronache/07_ottobre_03/fioroni_esami_settembre.shtml

Una differenza grande rispetto alla riforma Gentile, a causa della torsione in senso verticistico e aziendalistico della scuola pubblica, riguardò invece ancora una volta la considerazione del ruolo dell'insegnante, e indubbiamente contribuì a tale deviazione la "legge Brunetta"[147] del 2009 sulla pubblica amministrazione, una legge che inasprì le condizioni dei lavoratori della scuola in materia di contenziosi e norme disciplinari.

Nel periodo 2011-2016 e con la triade dei governi Monti-Letta-Renzi, si ruppe qualcosa anche nel mondo sindacale italiano e l'orientamento di destra e neo-liberale di questi governi forzò tanti insegnanti e lavoratori nel mondo della scuola a rimettere in discussione certezze politiche maturate in anni di gioventù, quando l'aspetto ideologico dei partiti era ancora evidente.

Questa riduzione della politica a comitato elettorale permanente e a costruzione di consenso sulla base di campagne elettorali all'insegna della pubblicità e della retorica, fu alla fine compresa e recepita anche dalle forze sindacali. Esse subivano la duplice pressione degli iscritti delusi e disgustati e quella delle scelte di forze politiche che da posizioni di centro-sinistra si ricollocavano sul piano delle scelte concrete all'interno della destra neo-liberale.

In questi anni, con la dissoluzione delle ideologie e la riduzione della politica ad amministrazione tecnocratica, si sfaldarono quindi le differenze ideologiche nel settore della scuola ed emerse la necessità di una convergenza tra i sindacati prima divisi dalle rispettive tradizioni politiche. Si arrivò a manifestazioni, rivendicazioni ed assemblee comuni e furono anche indetti scioperi

---

[147] Cfr. http://www.flcgil.it/scuola/norme-disciplinari-e-contenzioso-nella-scuola-dopo-l-entrata in-vigore del-decreto-brunetta.flc

sindacali unitari[148] da parte di FLC/CGIL, CISL/SCUOLA, UIL/SCUOLA, SNALS/CONFSAL GILDA/UNAMS. A partire da questi anni i sindacati saranno costretti a collaborare e a convergere su alcune rivendicazioni d'interesse generale, e a competere fra loro sull'offerta dei servizi, sull'efficacia dei ricorsi o sulla capacità di mobilitare o di pubblicizzare le loro iniziative, piuttosto che su motivazioni ideologiche o identità politiche .

3. Quale ruolo per il docente: un ragionamento a partire da Max Weber.

Questa terza rivoluzione industriale ha sottomesso alle sue logiche la socialità e la conoscenza e tende a configurarle come occasione di produzione e vendita di beni e servizi; sono pertanto mal sopportate le espressioni non ortodosse a questa centralità del mercato. In tale contesto s'inseriscono "l'ideologia dei diritti" e la logica dello "studente-cliente",che sono da ritenersi affini fra loro perché intendono dare risposte all'apparenza semplici alla crisi sociale e d'identità di intere fasce della popolazione mondiale e di conseguenza aggrediscono anche il senso comune e il discorso giornalistico nel Belpaese.

"L'ideologia dei diritti" prevede che sia la scuola, sostanzialmente, a farsi carico del disagio sociale attraverso attività educative che trasformano le istituzioni scolastiche in luoghi di compensazione

---

[148] Cfr. http://www.flcgil.it/sindacato/documenti/lettere-comunicati-e-documenti/flc-cgil-cisl scuola-uil scuola-snals-confsal-gilda-unams-proclamazione-sciopero-breve-di-un-ora-in-concomitanza-con-le operazioni-di-scrutinio.flc
http://www.cislscuola.it/index.php?id=4204
http://www.funzionepubblica.gov.it/articolo/dipartimento/05-05-2015/adesione-della-ugl-scuola allo sciopero-nazionale-della-scuola http://www.flccgil.veneto.it/info1/?p=1315

delle tensioni sociali[149] a scapito della formazione degli allievi e della trasmissione culturale.

Un fatto ordinario della cultura politica europea e di quella statunitense è sempre stato, e continua ad essere tuttora, quello di usare presso la pubblica opinione nazionale e internazionale la nozione di diritti[150] da riconoscere e soddisfare. I diritti degli immigrati, degli imprenditori, degli omosessuali, dei malati, dei popoli minacciati da tiranni e dittatori sono diventati ottimi argomenti per politiche sociali che sono spesso aggressive o che possono portare a interventi militari in remote regioni del globo e, di riflesso, a reazioni negative in tanta parte della pubblica opinione.

Come è noto, in qualsiasi società capitalista il Diritto contempla la compravendita della forza-lavoro e la tutela della proprietà privata, soprattutto quella dei detentori di rendite e capitali, secondo una logica che è quella di riconoscere la centralità dell'individuo e svalutare la dimensione collettiva.

La logica dominante è quella di assicurare benefici a pochi privati e scaricare danni e costi sociali su intere collettività.

---

149 *"...si è assistito d'altra parte ad una progressiva presa di consapevolezza, da parte delle varie autorità e istituzioni, dei processi di dissoluzione sociale che investono le società ricche. Negli Stati Uniti è ormai diffusa convinzione che il compito primario della scuola sia attuare programmi di "civil education" finalizzati ad impartire le più elementari virtù civiche alle nuove generazioni che hanno conosciuto esclusivamente il linguaggio delle merci e del denaro, corredato dai modelli culturali trasmessi dai videogiochi."*
Cfr. Stefano Boninsegni, *"Dai diritti dell'uomo ai doveri del Manager, verso un immaginario in frantumi"* in Diorama letterario, n.256, Firenze
In generale sui rapporti fra culture e effetti della globalizzazione cfr. Zygmunt Bauman, *Dentro la Globalizzazione, le conseguenze sulle persone*, Laterza, Bari, 1999
150 Sul processo storico di formazione del concetto "occidentale" di diritti dell'uomo si rimanda al primo capitolo di Franco Cardini, *I cantori della guerra giusta, religioni, fondamentalismi, globalizzazione*, Il cerchio, Rimini,2002

Questo metodo di governo del consorzio umano esige che schiere d'esperti, comunicatori, politici, personaggi famosi facciano opera di persuasione di massa nei confronti della pubblica opinione, per mezzo di mass media e organizzazioni politiche e sociali compiacenti, allo scopo di trasformare i molti problemi di carattere collettivo in problemi individuali.

Tale processo di riformulazione delle aspirazioni sociali nel linguaggio individualistico dei diritti è dovuto principalmente al fatto che viviamo nel tempo dell'egemonia del pensiero neoliberale, per cui la prospettiva individualista da dominante si è trasformata nell'unico orizzonte di senso del discorso politico sulla libertà umana e purtroppo anche di quello sindacale.

In tanti paesi europei, e in Italia in particolare, per l'evidenza di tante prove e fatti risulta inesistente, o comunque remotissima, la possibilità d'accedere a qualcosa che possa vagamente somigliare all'*American Dream*, quel sogno americano inteso come prospettiva di raggiungere singolarmente, in mezzo a una competizione darwiniana anche violenta, una piena realizzazione professionale e di godimento della propria ricchezza faticosamente conquistata. In realtà, considerando seriamente alcuni problemi della contemporanea umanità quali i limiti delle risorse planetarie[151], l'inquinamento, la proliferazione delle nuove guerre e delle nuove forme di guerra, risulta evidente che tali accidenti sembrano imporre oggi e in futuro soluzioni di tipo comunitario o comunque negoziate con altri popoli e altre culture.

---

[151] Cfr. Serge Latouche, *Come sopravvivere allo sviluppo. Dalla decolonizzazione dell'immaginario economico alla costruzione di una società alternativa*, Bollati Borlinghieri, Torino, 2004

Proprio ciò che strutturalmente la civiltà statunitense, e di riflesso quella britannica, non possono concepire in quanto l'*American Dream* non può esser messo in discussione. Un principio questo che fu chiarito una volta per sempre dal presidente Ronald Reagan[152] nel momento in cui egli stesso affermò: "*Il tenore di vita del popolo americano non è negoziabile*".

Questa visione dei rapporti di forza internazionali è il riflesso di un modello politico e sociale al cui interno lo Stato e le collettività non si fanno carico di diritti sociali e il soggetto è un singolo atomo colmo di desideri e di frustrazioni che vive per consumare beni e servizi. In tale dimensione di dissoluzione della collettività e della socialità, lo Stato e le sue diverse articolazioni sul territorio tendono infatti a limitare il loro intervento per concentrare le risorse nelle spese per la difesa e il riarmo, nel rafforzamento degli apparati di polizia, e nella tutela della proprietà privata. Una visione olistica dell'essere umano inteso come micro-ingranaggio di un sistema industriale e capitalistico, ed un modello quindi piuttosto ostile al concetto di scuola pubblica come motore di ascesa sociale e di crescita culturale e morale della popolazione.

La logica dello studente-cliente s'inserisce in tale contesto in quanto affida al mercato l'istruzione e la formazione del giovane coerentemente con le visioni della dominante ideologia neoliberale che individua un elemento positivo di novità e progresso nella disuguaglianza di reddito e nella drammatica forbice[153] fra ricchi e poveri che si è aperta in questi due ultimi decenni.

---

[152] Cfr. Giulietto Chiesa,Marcello Villari, *Superclan, Chi comanda l'economia mondiale?* Feltrinelli, Milano, 2003, pag.96

[153] Cfr. Patrick Savidan, *Ci sono diseguaglianze giuste?*, Valori, n.13. novembre 2002

Max Weber, sociologo, economista e filosofo tedesco aveva fin dal 1920 evidenziato quello che sarebbe diventato nella cultura nord-americana il motore del modello dello studente-cliente, affermando che[154] *"dell'insegnante che gli sta di fronte, il giovane americano ha quest'opinione: egli mi vende le sue nozioni e i suoi metodi per il denaro di mio padre. Così come l'erbivendola vende i cavoli a mia madre. Con ciò è detto tutto"*.

Nella visione ideologica dello "studente-cliente", docente e istituzione scolastica sono quindi dispensatori di un servizio a pagamento, ed in tale prospettiva la selezione e la libertà dell'insegnamento sono vincolati di fatto dal contratto e dagli interessi commerciali della scuola.

La descrizione di Weber s'incentra in particolare sul fatto che questo tipo di studente non ha in mente di farsi vendere dal docente delle "concezioni del mondo" (Weltanschauungen) o norme di condotta, e quindi l'insegnamento è moralmente neutro e i suoi contenuti sono strumenti utili per chi li compra. Pur respingendo una simile visione Max Weber si chiedeva *"se non si annidi un nocciolo di verità in questo modo di sentire..."*[155]. Egli proponeva un tipo di docente che potesse mettere la sua professione al servizio di potenze etiche aiutando o costringendo il singolo *"a rendersi conto del significato ultimo del suo operare"* [156] senza cadere però nella tentazione della demagogia o della facile profezia ex cattedra.

---

[154] Cfr. Max Weber, *Il lavoro intellettuale come professione*,(trad.it Antonio Giolitti), Einaudi, Torino, 1997, pag.35
[155] Cfr. Max Weber, *Il lavoro intellettuale come professione*, (trad.it Antonio Giolitti), Einaudi, Torino, 1997, pag.37
[156] *Ibidem*

La logica conseguenza di questa visione di fondo è dunque quella di affidare l'istruzione alla mano invisibile del mercato, considerando un settore così delicato come un fatto commerciale.

E' proprio nell'affidare tutto al mercato che prende corpo il fenomeno del Branding dell'Istruzione[157], che ha tuttavia incontrato delle resistenze in Europa.

Del resto se il principale aspetto dell'insegnamento è operare per socializzare e formare i discenti attraverso la trasmissione dei saperi e delle conoscenze, c'è da chiedersi come questo ruolo potrà modificarsi nelle società post-industriali.

Lo scardinamento di modelli di vita e relazioni sociali, conseguenza della terza rivoluzione industriale fondata sulla robotica e sull'informatica, impone un ripensamento rispetto al sistema scolastico che si è costituito fra la prima e la seconda rivoluzione industriale, perché è la vita sociale e culturale ciò che questa nuova forma di civiltà trasforma di continuo per generare nuovi beni e servizi.

---

[157] La scuola sponsorizzata è la nuova realtà della società americana. *"La scuola si trasforma in un contenitore pubblicitario, uno spazio per inserzionisti"*, scrive *Marco Cicala* su "Il Venerdì di Repubblica" del 10 gennaio 2003. *"Con i loro 47 milioni di ragazzi, i licei statunitensi sono diventati l'ultima frontiera del marketing. Un terreno di caccia miliardario"*. Un nuovo modello di business che frutterà non poco sia alle grandi marche che agli istituti. *"Le entrate pubblicitarie fruttano ogni anno ai college americani 750 milioni di dollari"*, scrive ancora Cicala, *"secondo il teorema: io ti lascio griffare i muri, tu mi rimpolpi le casse dell'istituto."* E l'operazione commerciale non si ferma all'affitto di aule, corridoi e palestre. La pubblicità è sbarcata perfino nei libri di testo.
In un manuale di matematica adottato ufficialmente in quindici stati ci sono i marchi di Burger King. Nei tradizionali esercizi di matematica il classico esempio delle mele da comperare o vendere è stato sostituito dalle scarpe Nike o Adidas. Se non puoi sponsorizzare direttamente il libro però si può decidere di fornire testi scolastici ai licei in proporzione al consumo in mensa della pizza. E' la trovata di Pizza Hut, mentre "Coca Cola" e "Pepsi" si contendono il controllo di refettori e distributori automatici.

"La formazione continua" e "la formazione lungo tutto il corso della vita" sono le risposte del mondo accademico e politico alla rapida decadenza dei saperi e al rinnovamento continuo imposto dalla velocità dei cambiamenti in atto. In questa nuova realtà chi insegna dovrebbe essere in grado di portare la sua attività e la sua competenza professionale in contesti diversi. L'insegnante, nei desideri di quanti scaricano su di lui la responsabilità di dare risposte alla distruzione creativa[158] interna al sistema economico e produttivo, è chiamato ad essere educatore, docente e formatore, rivolgendosi alla singola persona, a un gruppo o a una classe, e dovrebbe farsi carico dell'esigenza di continui aggiornamenti.

Uno strano operatore questo "insegnante" che dovrebbe operare con capacità e dedizione degne forse di un miglior stipendio, e soprattutto di una posizione sociale meno incerta.

Occorre inoltre precisare che con ogni probabilità, nel momento in cui non trovassero più la concorrenza del settore pubblico, eventuali attori privati nel settore della pubblica istruzione tenderebbero ad abbassare la qualità e ad alzare i prezzi, o comunque avrebbero davanti una scuola pubblica votata alle "finalità sociali" dei loro servizi. In generale è corretto affermare che nel paesi di cultura anglosassone come gli Stati Uniti ed il Regno Unito l'istruzione di buon livello è un bene che si può comprare e non è quindi un diritto, come comunemente lo si recepisce nell'Europa continentale.

---

[158] Cfr. https://it.wikipedia.org/wiki/Joseph_Schumpeter
http://www.ilsole24ore.com/art/SoleOnLine4/dossier/Economia%20e%20Lavoro/2009/lezioni-per-il-futuro/distruzione-creatrice/richardsone-roubini.shtml?uuid=8af05ec0-3bae-11de-b2ec 86a4cf51edfb&DocRulesView=Libero.

I cambiamenti[159] volti a dare alla pubblica istruzione una dimensione mercantile sono stati imposti dal modello neo-liberale propugnato fin dall'origine dalla presidenza Reagan negli Stati Uniti e dal governo thatcheriano nel Regno Unito. Si tratta di un'ideologia che, formatasi fra gli anni Cinquanta e Sessanta del Novecento, ha trovato una sua possibile traduzione politica solo all'inizio degli anni Ottanta ed è riconducibile alla "scuola di Chicago", un modello di pensiero economico che ha avuto come massimi rappresentanti Milton Friedman e George Stigler[160].

A partire dalla fine degli anni Novanta questa teoria economica ebbe forti riflessi nei tentativi di riforma della scuola, perché la logica comune dei governi di destra e di quelli di centrosinistra era quella di vincolare la scuola alle logiche mercantili compatibili con una visione neo-liberale della politica e dello Stato.

In particolare il concetto di portare la concorrenza dentro il sistema scolastico e di far competere fra loro le scuole anche nel senso di determinarne il successo o la chiusura, così come l'idea di distinguere gli stipendi dei docenti sulla base dei risultati e di offrire alle famiglie un voucher da spendere in servizi scolastici erano alla base delle proposte sviluppate dall'economista neoliberale Friedman[161] già negli anni Sessanta e diventate poi un programma

---

[159] Cfr. Capaldo Nunziante, Condomini Luciano, *La scuola primaria, memoria, identità, prospettiva,* La Scuola, Brescia, 2000. Genovesi Giovanni, *Schola Infelix: le ragioni di una sconfitta,* SEAM, Milano, 1999.

[160] https://it.wikipedia.org/wiki/George_Stigler

[161] *Friedman scriveva all'inizio degli anni Sessanta un libro (1962) in cui esponeva le sue idee più generali sulla società, compresa l'istruzione pubblica sulla base di quanto abbiamo già in un articolo del 1955. In un momento di massimo impegno delle amministrazioni democratiche americane, che si sarebbe tradotto nei programmi della "grande società" di Kennedy e della "guerra alla povertà" di Johnson, Friedman riprendeva il discorso classico del liberalismo sui limiti da porre all'azione dello Stato:*

politico due decenni dopo. La filiazione fra una delle dottrine economiche più discusse e discutibili del secolo breve, il Novecento, e le politiche scolastiche dei governi della Penisola è dunque evidente e nel nostro paese si assiste dunque alla convergenza fra le riforme in atto e il modello dominante nella cultura anglosassone.

Nel suo saggio[162] dal titolo "Modelli d'Oltreoceano", l'epistemologo Giuseppe Del Re sostiene che il tentativo di adottare modelli statunitensi venne preso in considerazione già dal ministro Berlinguer nella passata stagione del centrosinistra. Lo studioso così si esprime a proposito della scuola statunitense: *"La nuova scuola fu battezzata a suo tempo Babysitter nazionale dalla gente comune negli USA (...). La struttura della scuola americana non è ammissibile in Italia perchè non è compatibile con le norme costituzionali (art.33, art.34...). Infatti, a parte lo spirito dello strumentalismo evoluzionista a cui fu ispirata, essa è prevista per un sistema in cui la costituzione non riconosce il diritto allo studio;*

---

per preservare la libertà, il potere statale deve essere limitato e decentrato. Nel libro Friedman si propone di mostrare come il suo intervento in qualunque sfera provochi più danni che benefici rispetto ad una situazione di libero mercato. Il cuore dell'argomentazione è contenuto nei capitoli II e IV, dove, rispettivamente, sono accuratamente descritte le situazioni in cui un'azione di del governo è giustificata in generale e nel caso specifico dell'istruzione. Il finanziamento dell'istruzione, però, non significa gestione diretta di scuola (le scuole pubbliche) e può attuarsi "dando ai genitori dei buoni scuola (vouchers) da spendere in scuole approvate dallo Stato". (...) Importante è qui sottolineare la logica dell'operazione: l'idea è che sia possibile replicare nel campo dell'istruzione la situazione di mercato, antitetica, a quella delle scuole pubbliche.
Cfr. Antonio Cobalti, Globalizzazione e istruzione, Il Mulino, Bologna, 2006, pag.111-112.
La figura di Friedman risulta essere ancor oggi controversa.
cfr.https://it.wikipedia.org/wiki/MiltonFriedman;http://www.ariannaeditrice.it/articolo.php?id_articolo=6755
[162] Il saggio è contenuto in: Ghech Serafina (a cura di), *Il limite dell'utile, le trasformazioni in atto nella scuola italiana*, Franco Angeli, Milano, 2001.

negli Stati Uniti la scuola pubblica è un servizio sociale per i poveri che non possono permettersi di pagare le scuole normali".

Divenuto dominante tra la fine degli anni Novanta e i primi due decenni del nuovo secolo, quest'indirizzo politico pone oggi il docente di ogni ordine e grado fuori da qualsiasi logica di ceto e d'importanza sociale per lasciarlo nell'incerta sua collocazione entro i termini di una ideologia di libero mercato.

Tali tendenze[163], che trovano origine nella fascinazione che il modello culturale "nord-americano" ha sempre esercitato sull'Italia, sono in sintonia con quelle logiche di politica economica internazionale che vanno nella direzione di aprire al mercato privato l'istruzione, lo stato sociale e la sanità incoraggiando gli Stati nazionali a porre in essere tagli e a rendere precario il lavoro in questi settori. Da questo modello nasce inoltre un fenomeno che peggiora le condizioni d'insegnamento[164], riducendo i programmi e semplificando la complessità dei saperi, per cui *"il ragazzo acquisisce un pensiero a zapping, balza per associazioni da un argomento all'altro ma non diventa mai capace di un ragionamento coerente, di una vera analisi logica dei problemi. Non impara a esporre, a scrivere, a argomentare."*[165]

Le tendenze in atto sono infatti quelle di vendere pacchetti di conoscenze per formare rapidamente dei "tecnici da immettere nel

---

[163] Guido Fink, Franco Minganti, *Il modello Americano in Italia*, in Philippe Aries, Georges Duby (a cura di), *Vita Privata, il Novecento*, Laterza, Bari, 1998.

[164] Cfr. Francesco Alberoni, cit. In generale sulla condizione della Scuola nel Regno Unito e sugli esiti delle riforme del governo conservatore e di quelli laburisti di Tony Blair; cfr. Gill Helsby, *Come cambia il lavoro degli insegnanti, bilancio della riforma scolastica in Gran Bretagna*, (trad.it.Luisa Pottini, Anna Wittle, Fabrizio Bientesi), LibriLiberi, Firenze, 2002

[165] Cfr. Francesco Alberoni, cit.

mercato del lavoro" col pericolo di porre in essere[166] *"una vera e propria catastrofe culturale nel campo umanistico"*.

A tal proposito si evidenzia come le fortune e sfortune della filosofia, che rappresenta nei licei italiani una tradizione, siano emblematiche della generale scarsa considerazione della propria cultura umanistica[167]. Le difficoltà che si sono manifestate nel corso dei decenni in materia di pubblica istruzione vanno oltre le ipotesi di riforma della scuola o dell'esame di maturità e delineano il rapporto strumentale che questo tipo di civiltà industriale ha con l'istruzione, l'educazione e la trasmissione dei saperi.

4. Lo studente come cliente e come consumatore

Gli anni successivi al settembre 2001 hanno segnato un riarmo generalizzato da parte delle grandi e anche delle medie potenze, e a partire dalla guerra russo-georgiana del 2008, sono stati caratterizzati da un rinnovarsi di tensioni internazionali e da una moltiplicazione di conflitti locali in cui s'inseriscono potenze mondiali e regionali. Il sistema internazionale manifesta quindi un ritorno a rapporti di forza che richiamano la logica delle cannoniere delle potenze coloniali d'inizio Novecento, a cui si sommano per la superpotenza statunitense le ulteriori difficoltà determinate dalla lunga guerra afgana in atto dal 2001 e dalla partecipazione ai nuovi conflitti in Medio-Oriente, oltre che dai gravi problemi interni di carattere politico e sociale.

---

[166] Cfr. Francesco Alberoni, cit.
[167] Cfr. Marino Rosso, *Filosofia e campo di credenza*, in Francesco Paolo Firrao, Luciano Handjaras (a cura di), *Rinnovare la filosofia nella scuola*, Clinamen, Firenze, 2005.

Con l'inizio del nuovo millennio, le popolazioni dell'Europa, in particolare quella italiana, sono entrate in una condizione di angoscia e di disagio crescente. I processi di globalizzazione[168] che hanno determinato la riduzione dei posti di lavoro, il peggioramento dei rapporti sociali e la crisi della rappresentanza politica, l'aumento della microcriminalità ed i problemi quotidiani di droga, alcolismo e violenza, hanno creato un'ondata di ansia e di disagio psichico in ampi strati del fu ceto medio e della piccola borghesia.

Un male di vivere che[169], diventato comune sentire dal sottoproletario al borghese, si manifesta oggi come senso d'inquietudine, destabilizzazione della percezione di sé, interiorizzazione della violenza subita, angoscia per il futuro, ed instabilità affettiva.

Per quanto riguarda la realtà italiana, per decenni il futuro concepito era stato alimentato da speranze e promesse di benessere, sicurezza e miglioramenti materiali delle condizioni di lavoro.

---

[168] *"Per quanto riguarda il mondo del lavoro la situazione si può così riassumere: nel prossimo quarto di secolo 700 milioni di lavoratori dai paesi in via di sviluppo entreranno in un moderno sistema produttivo. Ma 100 milioni di lavoratori occidentali (compresi i giapponesi e gli altri operanti in economie avanzate) rischiano di finire emarginati dalla concorrenza di chi si offre sul mercato mondiale del lavoro a condizioni per noi insostenibili. La somma algebrica a livello di genere umano è positiva, ma dobbiamo preoccuparci di chi verrà sacrificato nei nostri paesi diventando "inutile". Anche per chi riuscirà a conservare il posto si stanno bloccando le attese di miglioramento economico continuo a cui eravamo abituati nei decenni scorsi. Da un lato lo spostamento di capitali all'estero alla ricerca di manodopera a basso costo, dall'altro la politica delle porte spalancate all'immigrazione su cui la Confindustria conta per calmierare con un marxiano "esercito del lavoro di riserva" le pretese dei lavoratori nazionali, limiteranno per alcuni decenni le capacità rivendicative delle forze sindacali"* Giano Accame, Costanzo Preve, *Dove va la destra?, Dove va la Sinistra?,* (a cura di) Stefano Boninsegni, Settimo Sigillo, 2004, Roma, pp. 26-27.
[169] Cfr. *Miguel Benasayag,* Gérard Schmit, *L'epoca delle passioni tristi,* (trad. it Eleonora Missana), Feltrinelli, Milano, 2005, pag.10

Inoltre una buona parte della popolazione sperava, in prospettiva, di poter imitare il tenore e lo stile di vita della famiglia statunitense della classe media la cui immagine passava attraverso gli stereotipi del cinema e della televisione.

Una visione certamente rassicurante ma destinata a sfaldarsi con l'inizio del nuovo millennio per lasciare il posto ad un presente ripiegato su se stesso ed alquanto precario e meschino.

Proprio in Italia, dove lo stato sociale è meno sviluppato rispetto ai paesi del Nord Europa, in mancanza di assistenze sociali che risultano essere inadeguate o del tutto assenti, la destabilizzazione della psicologia delle masse finisce col premere sulla famiglia, nucleo originario della società umana, e da essa si trasmette alla scuola. Costretta a operare dentro un contesto di società simile alla giungla, dove gli animali si divorano gli uni con gli altri, la scuola diventa allora il punto in cui si scaricano tensioni sociali e problemi insoluti, e perfino un problema di mensa scolastica[170] in qualche scuola elementare finisce col diventare un fatto politico degno delle cronache. A ciò si aggiunge poi la dissoluzione della famiglia borghese, resa ancora più aspra dall'erosione del principio d'autorità del docente e dell'adulto con funzioni d'educatore.

Queste figure, il docente e l'adulto, non sembrano essere più in grado d'assicurare oggi, dati i tempi e le circostanze, un qualsivoglia futuro[171] decente alla gioventù attraverso una preparazione scolastica e una buona educazione.

---

[170] http://www.la7.it/tagada/video/il-sindaco-che-vieta-la-mensa-ai-bambini-poveri-i-miei-figli pagano-facciano-altrettanto-02-03-2016-176445
http://www.ilgiornale.it/news/cronache/scuola-si inchina-allislam-laceto-bandito-dalle-mense-1214475.html http://www.unita.tv/focus/torino-il-m5s-toglie-lacqua-ai-bambini-che-si-portano-il-cibo-da-casa/

[171] Cfr. *Miguel Benasayag*, Gérard Schmit, *L' epoca delle passioni tristi*, (trad. it

Il principio d'autorità di cui un tempo sia il maestro che l'educatore si facevano forti si è infatti completamente eroso ormai davanti all'estremo individualismo supportato dall'ideologia neoliberale, dalle suggestioni della pubblicità commerciale e dai modelli proposti dal mondo dello spettacolo.

Questa situazione denota un duplice disorientamento sia da parte delle famiglie, sia da parte del mondo giovanile, mentre si assiste da parte di amministrazioni, ambienti politici e dagli stessi mass media al tentativo di addossare alla pubblica istruzione tutto l'onere della formazione e dell'educazione della gioventù, anche per colmare le carenze delle famiglie e della società e allontanare da sé ogni responsabilità.

Le famiglie italiane in questo inizio di nuovo millennio sono andate incontro a processi di disgregazione in quanto formate ormai solo da individui[172] tendenzialmente egoisti e narcisisticamente autocentrati su se stessi.

La situazione è andata ulteriormente aggravandosi, in quanto in Europa come in Italia, sono venuti meno gli antichi riti di passaggio dall'età giovanile a quella adulta: una parte della popolazione adulta fra i venticinque e i trentacinque anni vive infatti un'adolescenza

---

Eleonora Missana), Feltrinelli, Milano, 2005, pp. 27-28

[172] *Per i giovani oggi, il mondo è pericoloso. La stampa. I vicini, la televisione ne parlano di continuo,insistendo sulla necessità di "scappare" per sottrarsi al disastro generale. Un esempio fra mille: qualche tempo fa,la pubblicità televisiva di una marca di automobili mostrava la scena di un temporale apocalittico in cui compariva un uomo che camminava con tutta calma, tanto che veniva da pensare (forse per deformazione professionale) che fosse sotto l'effetto di medicinali o che delirasse. Qualche secondo dopo l'uomo raggiungeva la sua auto, fornita d'impianto di climatizzazione e partiva... Salvava solo se stesso e "dopo di me il diluvio"... I giovani non hanno mai conosciuto quel famoso mondo pieno di promesse di cui sognavano le generazioni precedenti, sono figli di un futuro gravido di minacce. Miguel Benasayag, Gérard Schmit, L' epoca delle passioni tristi,* (trad.it Eleonora Missana), Feltrinelli, Milano, 2005, pag.32-33

prolungata a causa del venir meno di quelle che dovrebbero essere le tipiche forme di maturazione e stabilizzazione dell'adulto: un lavoro sicuro, principi etici e morali interiorizzati, una famiglia propria, un contesto nel quale poter esercitare diritti e doveri.

Al disagio legato al dissolversi di certezze sociali, s'aggiunge poi per moltitudini d'individui anche un senso di frustrazione e inadeguatezza di fronte ai modelli estetici e di consumo presentati dalla pubblicità commerciale. I livelli di perfezione estetica e di consumi costosi veicolati da riviste, giornali, e perfino dalla pubblicità televisiva, risultano essere troppo elevati e dunque irraggiungibili per milioni d'esseri umani, mentre nel mondo della moda e dello spettacolo l'aspetto giovanile atletico, e talvolta efebico, è diventato uno stereotipo assolutamente dominante.

Centralissimo nei suoi mille aspetti nel mondo dei consumi e dello spettacolo (a meno che per casi particolari e per ragioni commerciali non vengano ostentate figure mature o perfino anziane), tale stereotipo della gioventù che esiste solo per sedurre e convincere il cliente, non può certamente avere una valenza educativa; altrettanto diseducativi e nocivi all'ordinario lavoro del docente risultano essere inoltre le devianze criminali o le manifestazioni di cattiva educazione da parte di personaggi e politici, che illudono tanti ingenui di poter fare le stesse cose, facendo sì che il cattivo esempio che cala dall'alto venga spesso assimilato e metabolizzato dalle famiglie. Infine fa da ostacolo al buon lavoro dei docenti e degli educatori il fatto che non sia più credibile in molti contesti la relazione fra gli studi e il futuro del giovane in termini di successo professionale e di benessere. In questa realtà tutti gli ambienti ed i quartieri di una città risultano essere potenzialmente difficili in rapporto al dialogo tra istituzioni scolastiche e territorio; e perfino nelle zone più ricche di una città e fra i ceti privilegiati si possono dare occasioni di malcontento e recriminazione verso la pubblica istruzione.

Ad oggi tutti gli ordini di scuola devono mettere in conto questa dissolvenza in atto dei valori condivisi e delle identità, mentre la moltiplicazione di appartenenze di carattere comunitario inerenti alle minoranze di nuova e vecchia immigrazione complica ulteriormente il quadro senza portare alcun elemento di soluzione.

Appare dunque fuori luogo in tale contesto l'acquisizione di strumenti quali il registro elettronico (per tener informate le famiglie in tempo reale sulle presenze e il profitto dei figli) come via per calmierare le difficoltà in cui si dibatte il rapporto fra scuola e società. L'informatizzazione con registro elettronico, LIM e tablets può risolvere alcune questioni inerenti a processi burocratici, magari in sede di scrutinio, ma non ha voce in capitolo su quello che è il vero problema di fondo: lo smarrimento dell'orizzonte di senso e di vita di una nazione intera.

In questo contesto di smarrimento e di perdita di valori e ideologie forti, l'Unione Europea è diventata in Italia un punto di riferimento su cui tuttavia la pubblica opinione e le forze politiche continuano a dividersi in modo spesso feroce.

Ha scritto, in tempi non sospetti, nel suo *"Un'idea dell'Europa"* l'ex Presidente del Consiglio Romano Prodi: *"Vi è il rischio che accada a livello della cultura e dei valori quanto sta avvenendo nei mercati finanziari europei. L'Euro sta facendo di tante risorse diverse le forze di un unico mercato, ma questa funzione unificante viene attuata soprattutto dalle banche d'affari e dai fondi di investimenti americani.*

La forza della cultura americana intesa in senso ampio e simbolicamente espressa dai mass-media viene ritenuta da alcuni come l'unica in grado di costituire un riferimento per l'Europa alla ricerca della sua anima...Ritengo tuttavia che l'Europa abbia nella sua storia un grande patrimonio da cui attingere... ".

L'Europa è dunque diventata, proprio a partire dall'inizio del millennio una piccola risorsa della polemica politica e un'ideologia di risulta di forze politiche che hanno perso i loro riferimenti etici e ideologici originari.

Ha scritto a questo proposito Luciano Canfora[173] che l'ideologia dichiarata defunta ritorna *"in forme impreviste e alquanto fatue, come ideologia dell'Europa, come valore in sé! "L'europeicità" è diventata la nuova ideologia, soprattutto preso la ex sinistra.*

Qui alligna ormai sempre più spesso il monito intimamente compiaciuto e pensoso:" Ce lo chiede l'Europa!". Un tale ritornello, che serve a tappare la bocca a qualunque rilievo critico, è solo una parte dell'ideologia "europea". Si finge infatti che l'epiteto "europeo" (di cui si ignorano peraltro il contenuto e il significato, nonché l'ambito geografico) possa, anzi debba riferirsi - qualificando e promuovendo - a un qualche fatto o comportamento. Per non parlare della "prospettiva" che è sempre tenuta ad essere europea. Viene in mente un docente il quale moli anni addietro – vero precursore della svolta ideologica– dichiarò agli amici, con aria compunta e compresa della nobiltà dell'atto, di aver divorziato dalla consorte, ma in maniera –così egli assicurò-

---

[173] Luciano Canfora, *"E' l'Europa che ce lo chiede", Falso!*, Laterza, Bari, 2012, pag. 20

del tutto "europea". Non vi è comicità involontaria in questo modo
di esprimersi. Vi è anche una istintuale ideologia soft-razziale. Tutto
ciò che non è "europeo" è peggio."

Squassata da crisi finanziarie, veti incrociati, e ferocissimi egoismi nazionali, l'Europa aspetta ad oggi di delineare in qualche forma concreta il suo nuovo umanesimo e la sua ragion d'essere culturale, d'identità e storica; per il momento, tuttavia, burocrazia e moneta comune sono la sua forza e i suoi limiti.

Il futuro della scuola italiana e della civiltà italiana, ammesso che se ne possa ragionare fondendole in un solo destino, passa proprio dal nodo gordiano di come trovare il giusto e onorevole collocamento nel sistema europeo; oppure di come uscirne, con le conseguenze del caso.

Considerato che l'unico soggetto attualmente in grado d'occuparsi della nazionalizzazione o della socializzazione delle diverse genti d'Italia è proprio il sistema scolastico, è da supporre, in caso d'indebolimento o marginalizzazione della scuola pubblica, l'avvio di un processo di dissoluzione che atomizza il popolo italiano in famiglie, in comunità, molte delle quali di recente immigrazione, e in singoli individui senza radici con il territorio.

La posta politica in gioco è quindi il futuro della scuola italiana e la questione è se essa debba diventare più efficace e profittevole per inserirsi nello schema di civiltà delineato da altri o se invece, al contrario, possa definirsi come difesa e promozione della civiltà di popolazioni diverse fra loro con un unico comune denominatore: l'appartenenza a un soggetto collettivo identificabile come identità italiana.

Non è un caso che, sempre nel suo "Un'idea dell'Europa", Romano Prodi, un anno prima dell'adozione della moneta unica, abbia sottolineato come l'alta formazione europea sia a un bivio: scegliere di seguire i modelli culturali "nord-americani", vista l'importanza che essi hanno a livello mondiale, o trovare una propria via[174]?

Per ciò che concerne il Belpaese sembra chiaro, come già evidenziato, il tentativo d'imitare il modello americano, pur nella difficoltà di dover operare entro una realtà diversissima e con un ceto di professionisti della politica poco interessati e poco preparati a operare significative riforme in questa direzione.

Le sfide che la cultura statunitense propone alla plurale Europa sono molte, e fra queste c'è il finanziamento scolastico attraverso l'accordo con le grandi aziende.

Il "branding dell'Istruzione", e la presenza invadente della mano visibilissima del Dio-mercato, hanno creato condizionamenti alla libertà d'insegnamento dei docenti e alla libertà d'espressione degli allievi; non è un caso, del resto, che la scrittrice e giornalista canadese Naomi Klein nel suo libro celeberrimo No-Logo, stigmatizzi questa tendenza raccontando le vicende dell'allievo sospeso perché nella giornata della Coca-cola si era presentato con la maglietta della Pepsi; o ancora il caso degli allievi di ottocento scuole elementari costretti a sorbirsi una lezione sulla costruzione e sulla bontà delle scarpe Nike[175], senza contare che i contratti fra

---

[174] Romano Prodi, *Un'idea dell'Europa*, Il Mulino, Bologna, 1999. Sulla questione della colonizzazione culturale e finanziaria subita dal Belpaese negli ultimi decenni cfr. Piero Ottone, *Saremo colonia?, o forse lo siamo già*, Longanesi, Bergamo, 1997

[175] Per un quadro complessivo della descrizione del fenomeno fatta dalla Klein cfr. Naomi Klein, *No-Logo*, edizione integrale, Baldini&Castoldi, Milano, 2002.

multinazionale e istituto scolastico impongono all'istituto scolastico di non denigrare in nessun modo i prodotti della marca.

Queste logiche prevalenti nella realtà statunitense propongono modelli di trasmissione della cultura legati all'individualismo, e risultano essere livellatrici di specifiche identità e funzionali alla società dei consumi come essa si sta definendo in questi anni di post-fordismo e delocalizzazione delle imprese.

In particolare, insito nel modello c'è un concetto di misura del valore di tutte le cose, inclusi gli umani, in termini monetari: una riduzione di ogni senso dell'umanità e del mondo a concezioni mercantili. L'introduzione del "branding" nelle scuole e nelle università potrebbe tra l'altro trasformare l'insegnante in qualcosa che è altro: una specie di soggetto sponsorizzato che si fa carico di problemi sociali e culturali, una sorta d'intrattenitore che deve anche svolgere attività educative, possibilmente restando neutrale verso le grandi passioni politiche e sociali ma prono ad altre esigenze.

Secondo quanto affermato da Maslow, psicologo comportamentista noto per avere strutturato fra gli anni Cinquanta e Sessanta la teoria[176] che metteva assieme i diversi bisogni spirituali, fisici e morali degli individui e la motivazione a soddisfarli secondo una gerarchia, l'insegnante è qualcuno che cerca di far uscire il meglio dai giovani che sono i suoi allievi.

In generale Maslow vedeva il buon insegnante come colui che impara ad accettare le persone come sono, e riesce a comprendere i loro stili d'apprendimento,le loro attitudini e le loro potenzialità.

---

[176] Cfr. Janice Gibson, *Psicologia per la classe*, Brescia, 1986, pag. 218

Egli proponeva una visione dell'educazione e del comportamento umano fondata sui bisogni, ponendo in un crescendo nella sua gerarchia bisogni fisiologici, di sicurezza, morali, spirituali, ed infine di aspirazione alla libertà e all'armonia.

Ripensando il "branding" alla luce del problema della soddisfazione dei bisogni individuali, si deduce che nel momento stesso in cui attua collaborazioni forti con le grandi marche, l'istituzione scuola o università propone agli allievi la soddisfazione di bisogni e consumi indotti, e quindi non si muove per dare strumenti d'elevazione morale, civile, e culturale; al contrario, offrendo modelli tratti dal mercato per la soddisfazione dei bisogni psicologici degli allievi, la scuola entra in logiche di condizionamento che alterano il corretto rapporto che essa dovrebbe tenere con coloro che deve istruire.

Come è noto, negli ultimi due decenni le multinazionali e la grande finanza internazionale hanno messo in moto dei processi di "privatizzazione" volti a trasformare settori un tempo collocati nella sfera pubblica in occasioni per fare affari[177].

L'elenco degli ambiti prima di esclusiva pertinenza del pubblico e poi passati in mano ai privati per la gestione e la commercializzazione è vasto e vario a seconda delle realtà prese in esame. I luoghi dove i giovani e i giovanissimi non dovrebbero in teoria essere raggiunti dalle forme di pubblicità, palese o occulta che sia, sono proprio le scuole.

La scuola rappresenta invece uno dei sistemi pubblici dal quale una Corporation può sicuramente aspettarsi straordinarie occasioni di lucro, specie per ciò che concerne la possibilità di veicolare la

---

[177] Cfr. Joel Bakan, (trad. it Andrea Grechi), *The Corporation. La patologica ricerca del profitto e del potere*, Fandango Libri, Roma, 2004, pp.149-157.

pubblicità nei luoghi dove si formano le nuove generazioni e dove l'utenza è composta da bambini e adolescenti.

La pubblicità diretta ai bambini influenza le scelte relative agli acquisti degli adulti, e pertanto le agenzie pubblicitarie studiano campagne mirate a far sì che i genitori assillati dai figli siano forzati a fare certi acquisti[178] ed è evidente che questo tipo di persuasione non si limita a categorie merceologiche del consumo infantile e giovanile.

L'accesso alla scuola da parte della pubblicità è forse il vero affare di questo processo di privatizzazione, che per importanza pare oscurare la questione della gestione delle scuole stesse da parte dei privati.

In questa prospettiva darwiniana la competizione fra scuole, impostata secondo le logiche della concorrenza e del libero mercato, è una garanzia di successo dell'istituto più forte e adatto a rispondere alla domanda di formazione e istruzione dei potenziali clienti.

Dal punto di vista ideologico, è il comune e banale discorso giornalistico a difendere dalle critiche tutte le forme di privatizzazioni ritenendo l'interesse egoistico delle persone verso i guadagni materiali nient'altro che uno strumento per promuovere il bene pubblico[179].

La logica è quella di ripetere che la ricchezza prodotta dall'egoismo e dall'interesse dei singoli porterà comunque un beneficio alla collettività, e potrà ricadere, attraverso il mercato e in non meglio

---

[178] Cfr. Joel Bakan, (trad.it Andrea Grechi), *The Corporation. La patologica ricerca del profitto e del potere*, Fandango Libri, Roma, 2004, pag.156.
[179] Cfr. Joel Bakan, (trad.it Andrea Grechi), *The Corporation. La patologica ricerca del profitto e del potere*, Fandango Libri, Roma, 2004, pp.152-153.

definite forme di redistribuzione, sulle moltitudini di non privilegiati e perfino sui poveri.

Una sorta di rielaborazione capziosa e mistificatrice in chiave contemporanea della "Favola delle api"[180] del medico-filosofo Bernard de Mandeville.

L'ideologia dominante per governare la società umana intende puntare sull'egoismo e sul materialismo degli esseri umani, e ovviamente ciò che rappresenta il "pubblico" e il "sociale" non può esprimere al meglio questa volontà di potenza.

Nel suo noto libro[181] "The Corporation", Joel Bakan fa delle osservazioni piuttosto negative sulla piega che la privatizzazione della scuola ha preso negli Stati Uniti, dove il marketing, considerando i bambini dei piccoli consumatori, ha avuto accesso alle scuole; si sottolinea tra l'altro nel testo che questa invadenza tende a far assumere ai discenti atteggiamenti egoistici.

Dal momento che quanto accade in quella lontana federazione di stati ha una certa influenza sul resto del mondo e sull'Europa, è interessante osservare, tra i principali aspetti criticati da Bakan, la presenza di spazi pubblicitari su tabelloni, bacheche, pareti, salvaschermo di computer, copertine e siti Web delle scuole, ed ancora gli accordi per la sponsorizzazione di gare scolastiche e per la vendita in esclusiva di prodotti nei distributori automatici delle scuole, oltre a progetti di vario tipo, anche di beneficenza, collegati ai prodotti di una società.

Contro questa forma di colonizzazione pubblicitaria della scuola si è espresso anche l'intellettuale statunitense Noam Chomsky,

---

[180] https://it.wikipedia.org/wiki/La_favola_delle_api

[181] Cfr. Joel Bakan, (trad.it Andrea Grechi), *The Corporation, La patologica ricerca del profitto e del potere*, Fandango Libri, Roma, 2004.

sostenendo che la privatizzazione che ha avuto luogo negli Stati Uniti è una limitazione alla libertà di pensiero e alla creatività individuale.

In una raccolta di scritti, edita in Italia col titolo di "Democrazia e Istruzione"[182], in nome degli ideali del filosofo e pedagogista americano Dewey, egli ha denunciato la sostanziale estraneità di questi processi di privatizzazione al pensiero del liberalismo classico, sottolineando tra l'altro come essi siano portatori di gravi disagi di ordine sociale.

Nella sua visione gli Stati Uniti sarebbero stati dunque oggetto di esperimenti di demolizione sociale e di creazione di capitale finanziario, e tali attività porteranno in futuro alla costruzione di un sistema di potere e di dominio sotto il controllo di poteri oligarchici privi di controlli e di inibizioni.

Dovendo trarre delle conclusioni chi scrive ritiene che l'istruzione, benché ne abbia alcune caratteristiche, non sia tuttavia riducibile ad una merce in quanto essa, in molti paesi fra cui l'Italia, si pone in rapporto stretto con identità collettive, nazionali, locali e cittadine.

Una dissoluzione del "mondo–scuola" in una logica di mercato selvaggio appare feconda di problemi e di contraddizioni perché potrebbe portare a conseguenze non prevedibili nella tenuta delle identità collettive e della moralità pubblica, sulle quali si fonda la prassi politica, sociale ed economica di una comunità locale o nazionale.

Certamente la prima vittima sociale di tutto questo è il docente, la

---

[182] Noam Chomski, *Democrazia e istruzione*, EDUP, Roma, 2004

cui figura perde di credibilità; l'altra vittima è la società italiana nel suo complesso.

Capitolo quarto

Appunti di confine

di Francesca Naldini

1. La scuola dell'autonomia tra risparmio e repressione

Attraverso le riforme ed i decreti legge che hanno modificato la scuola dal 1993 ad oggi, potremmo seguire l'imbarbarimento del "bel paese", di un'Italia che diventa sempre più "Italietta".

Un luogo dove gli slogan alla Salvini sono sempre più condivisi, un paese dove il neo-futurista (o neo-fascista?) Matteo Renzi riesce ad incantare con il mito della "velocità", della fine dell'immobilismo, del cambiamento. Un paese dove la privatizzazione e la "svendita" di tutto, anche della scuola, ha raggiunto il proprio apice.

Con la legge 107, conosciuta come "la buona scuola", il fine di politici e politicanti sempre più "destrorsi" è stato raggiunto. Distruggere la scuola pubblica, o meglio eliminare cultura ed istruzione, perchè il mondo dell'economia e della finanza nonché i poteri militari richiedono popoli ignoranti. Masse pronte ad aggredire lo "straniero", il clandestino, il migrante economico, il profugo. Una scuola che, con gli INVALSI ed i "quizzoni" obbliga i giovani al nozionismo...vietato chiedersi chi ha creato la guerra dalla quale scappa il profugo, la miseria che condannerebbe a morte certa il migrante economico. Un paese dove i governi che si sono succeduti dal 1993 ad oggi sembrano avere raggiunto i seguenti obiettivi:

- svalorizzare l'insegnante e ridurlo sempre più a "burocrate" costretto a servire ciò che chiedono le Istituzioni.
- privatizzare la scuola pubblica, tagliando risorse e ponendo gli insegnanti sotto il controllo dei Presidi trasformati in Dirigenti.
- agevolare i poteri economici delle singole Regioni attraverso l'autonomia scolastica e i "presidi-manager".
- promuovere il nozionismo e togliere ore di insegnamento a discipline che promuovono lo spirito critico e la libera riflessione (Filosofia, Storia, Diritto).
- creare una futura massa di lavoratori privi di autostima, pronti ad inchinarsi di fronte al datore di lavoro.

Il primo passo verso la svalorizzazione dell'insegnante avviene sotto il governo Amato con il DL. 29/1993 che nega al docente il "ruolo" ed afferma l'incarico a "tempo indeterminato" o "determinato".

Il ruolo garantiva la libertà di insegnamento (prevista dagli artt. 33 e 34 della Costituzione), tutelava il docente che non poteva essere valutato se non da chi avesse competenza per farlo e non dal preside trasformato in "datore di lavoro". Lo stesso Decreto crea le premesse, attraverso il "congelamento", per l'eliminazione degli scatti di anzianità (fino ad allora biennali) impoverendo l'insegnante e rendendolo sempre più ricattabile.

Il comitato di valutazione, istituito dalla legge 107, completa ciò che ebbe inizio nel 1993. L'insegnante, di fatto, non deve avere libertà di insegnamento, deve obbedire al Dirigente scolastico pena il licenziamento o, nel miglior dei casi, l'eterna miseria.

I tre sindacati istituzionali CGIL, CISL E UIL, sempre pronti a sottoscrivere accordi, accettano i tagli e la svalorizzazione della funzione dell'insegnante aumentando la sfiducia dei lavoratori verso i sindacati. Sfiducia che il governo Renzi ha ben saputo alimentare fino al punto di riuscire a far passare una medioevale riforma del lavoro (Jobs Act) ed una riforma della scuola che solo i poteri economici possono considerare "buona".

Contemporaneamente all'impoverimento di istruzione e cultura nel "Belpaese" o meglio nell'"Italietta" si è consolidata un'abitudine alquanto bizzarra. I fatti reali sono nascosti o modificati attraverso mezzi di informazione sempre più imbavagliati (o asserviti?).

Non contano i fatti, ossia la crescente povertà, il culto del Dio-profitto per il quale si specula anche su clandestini e profughi, l'emergenza abitativa, ma valgono le parole del proprio leader che può avere il volto di Renzi o di Salvini.

Attraverso la crisi economica si giustificano i tagli alla scuola ed in conformità a quanto previsto dall'art.21 della legge 15 marzo 1997 n.59 per le Istituzioni Scolastiche è emanato il Regolamento 275 (D.P.R. 275 8 marzo 1999).

Questo regolamento si inserisce nel quadro più ampio della riforma della pubblica amministrazione e del decentramento amministrativo dallo Stato agli Enti Locali e alle Regioni. Nel nome dell'autonomia e della "trasparenza" si conferiscono sempre più poteri ai presidi. Con l'autonomia scolastica il capo d'Istituto, come in un'azienda privata, diventa Dirigente. Il Dirigente scolastico è responsabile finanziario e ha pieni ed autonomi poteri di *direzione*, *coordinamento* e *valorizzazione* delle risorse umane.

La funzione degli organi collegiali è sempre più marginale poiché richiederebbe un corpo docenti capace di opporsi a dirigenti spesso discutibili, ma sempre più potenti. Con la legge 107 e la chiamata diretta da parte dei dirigenti ogni possibile opposizione dei docenti neo-assunti o precari è stata definitivamente stroncata.

Con il comitato di valutazione si cerca di scatenare la lotta tra "gli anziani".

I dirigenti scolastici, specie in Istituti tecnici e professionali, si avvalgono dell'art. 6 del regolamento per stringere accordi sempre più stretti con poteri economici ed istituzioni locali.

Alla luce del nuovo contesto normativo diventa inevitabile conferire la funzione direttiva ai responsabili amministrativi che dal 1°settembre 2000 diventano, dopo favorevole frequenza di un apposito corso di formazione professionale, direttori dei servizi generali e amministrativi. In un unicum normativo il dirigente scolastico e il direttore dei servizi generali e amministrativi (DSGA) sono chiamati a condividere la gestione di una complessa unità organizzativa. Nella scuola sempre più azienda varia anche la didattica. Il POF (piano dell'offerta formativa) limita di fatto la libertà di insegnamento ed acuisce il divario tra scuole di serie A, B e C. La scuola che ha più soldi offre maggiori "opportunità" molto spesso di formazione (di manodopera gratuita reperita tra gli studenti), raramente di cultura ed istruzione.

Nell'Italietta dove si dà valore alle "belle parole", ma non si analizzano poi i fatti e gli sviluppi concreti, burocrati e politicanti esaltano l'art.4 del Regolamento 275 che così recita nei primi comma:

1. Le istituzioni scolastiche, nel rispetto della libertà di insegnamento, della libertà di scelta educativa delle famiglie e delle finalità generali del sistema, a norma dell'articolo 8 concretizzano gli obiettivi nazionali in percorsi formativi funzionali alla

realizzazione del diritto ad apprendere e alla crescita educativa di tutti gli alunni, riconoscono e valorizzano le diversità, promuovono le potenzialità di ciascuno adottando tutte le iniziative utili al raggiungimento del successo formativo.

2. Nell'esercizio dell'autonomia didattica le istituzioni scolastiche regolano i tempi dell'insegnamento e dello svolgimento delle singole discipline e attività nel modo più adeguato al tipo di studi e ai ritmi di apprendimento degli alunni.

A tal fine le istituzioni scolastiche possono adottare tutte le forme di flessibilità che ritengono opportune e tra l'altro:

- l'articolazione modulare del monte ore annuale di ciascuna disciplina e attività;

- la definizione di unità di insegnamento non coincidenti con l'unità oraria della lezione e l'utilizzazione, nell'ambito del curricolo obbligatorio di cui all'articolo 8, degli spazi orari residui;

- l'attivazione di percorsi didattici individualizzati, nel rispetto del principio generale dell'integrazione degli alunni nella classe e nel gruppo, anche in relazione agli alunni in situazione di handicap secondo quanto previsto dalla legge 5 febbraio 1992, n. 104;

- l'articolazione modulare di gruppi di alunni provenienti dalla stessa o da diverse classi o da diversi anni di corso;

- l'aggregazione delle discipline in aree e ambiti disciplinari.

Parole capaci di incantare chi non vive nel mondo della scuola poiché insegnanti, studenti e genitori ben sanno che la pratica, ossia i fatti, non corrisponde alla teoria. Come è possibile garantire il diritto ad apprendere e la crescita educativa di tutti gli alunni in classi "pollaio" dove sono ammassati 27-30 studenti spesso con diversi stili di apprendimento e dotati, seguendo la teoria delle intelligenze multiple di Gardner, di diversi stili di apprendimento?

Di fatto, specie negli Istituti tecnici e professionali, l'art. 4 consente di tagliare ore di materie culturali a vantaggio di ore di pratica, spesso svolte fuori dagli istituti a tutto vantaggio delle realtà economiche del territorio. Il taglio crescente degli insegnanti di sostegno, lungi dal garantire il diritto allo studio di alunni in situazione di handicap comporta l'allontanamento di questi ultimi dalle classi per evitare che si possa disturbare "la normale attività didattica".

Il Ministero, avendo dato alle scuole-aziende la possibilità di autofinanziarsi, riduce le risorse destinate alla scuola pubblica, mentre continua a foraggiare le scuole private.

Le scuole azienda si trasformano quindi in agenzie formative, offrono corsi all'esterno, affittano spazi per la realizzazione di corsi gestiti da Regioni, Province e privati.

Si moltiplicano i progetti dove di nuovo si valutano le parole, ma non il raggiungimento degli obiettivi finali per i quali sono stati spesso stanziati milioni di euro. La scuola azienda coinvolge le famiglie con la richiesta di contributi scolastici che anziché facoltativi sono spesso imposti come tasse. Come richiesto dallo stesso Ministero della Pubblica Istruzione (Circolare Lucrezia Stellacci, capo dipartimento MIUR 9 marzo 2012), i Dirigenti Scolastici sono invitati a rispettare la normativa e a chiedere contributi alle famiglie specificandone la VOLONTARIETA' e rendicontando le entrate dalle famiglie e il loro utilizzo in base ai principi di trasparenza nella pubblica amministrazione.

Trasparenza è parola estranea a molti Dirigenti Scolastici che, nel totale disinteresse degli organi istituzionali che di tale trasparenza dovrebbero essere garanti, continuano a disattendere quanto previsto dal decreto 33/2013 (Trasparenza nella pubblica amministrazione) che richiama la legge 190/2012.

Ma ormai nel "Belpaese", ossia nell'Italietta, i corrotti e i ladri in giacca e cravatta fanno carriera, si tutelano gli uni con gli altri e con la 107 hanno stroncato la possibilità di un'indignazione dal basso.

La scuola di regime, detta "Buona Scuola", mira a soffocare ogni dissidenza, ogni possibilità di crescita individuale e sociale.

Il curriculum vitae e l'alternanza scuola-lavoro creano competizione e conflitto tra gli studenti.

Il mantra ripetuto della crisi economica e della difficoltà ad inserirsi nel mondo del lavoro inducono i genitori a consigliare ai propri figli di farsi "schiavizzare" durante lo stage per poi accettare proposte di lavoro a nero retribuito con 4-5 euro l'ora. L'interpretazione dei cambiamenti che hanno investito la scuola sopra descritti potrebbero essere interpretati come le considerazioni di un'insegnante che appartiene ad un sindacato di base...e per di più anarchica.

Difficile credere nella possibilità di ottenere qualcosa muovendosi per vie istituzionali, denunciando presso la guardia di finanza e la Procura della Repubblica illeciti ampiamente dimostrati. Esposti che vengono accolti per poi essere insabbiati poiché il Dirigente Scolastico è un dirigente e come spesso accade è protetto.

La legge 107 dà pieni poteri ai Dirigenti Scolastici che devono valutare gli Insegnanti con un comitato a loro totalmente asservito.

Cosa rimane della professionalità e della dignità di docenti che devono essere valutati da qualcuno che ha avuto diversi "guai" giudiziari e processi caduti in prescrizione? Quale può essere il futuro di un paese che ha demolito il libero pensiero e la possibilità di dire no?

2. CCNL SCUOLA 2016-2019: dopo i danni....la beffa!

Dopo più di 10 anni di blocco il nuovo contratto per la scuola è stato rinnovato. Il mancato rinnovo fu sancito, ad opera di Tremonti (governo Berlusconi) con il DL 78/2010, decreto mai rimesso in seria discussione dai governi successivi e dai sindacati di "regime" (CGIL, CISL, UIL).

Il nuovo contratto ha iniziato ad essere elaborato il 30 novembre 2016 con l'accordo tra Renzi e i succitati sindacati e 4 giorni prima del referendum costituzionale è stato siglato, tanto per potere fare un bel favore al governo "amico" e potere gridare ai quattro venti che una buona quantità di soldi sarebbe stata immessa nelle tasche dei lavoratori della scuola e del pubblico impiego. In realtà, per quanto riguarda la scuola, con una mancia si è messo a tacere tanti lavoratori introducendo nel nuovo contratto le peggiori nefandezze della legge 107 (la famosa buona scuola di Renzi) ed il decreto Brunetta. Per rendersi conto di quanto il nuovo contratto abbia avallato la legge 107 ed il decreto Brunetta basterebbe riflettere sui seguenti punti:

- L'art 29 del CCNL inserisce per i Docenti il codice disciplinare previsto da Brunetta.
- Si avalla il bonus premiale e si elimina l'indennità di vacanza contrattuale la cui cifra viene inglobata nello stipendio tabellare. Si potrà così non rinnovare il contratto per altri 10 anni senza che il MIUR paghi un euro di mora!

- Le ore in più di cattedra sul potenziamento saranno retribuite come ore di "non insegnamento" pagate quindi 17,50 euro l'ora.
- Il FIS (fondo d'Istituto) cambia nome, diventa FMOF (Fondo per il miglioramento dell'offerta formativa e viene decurtato di circa 60 milioni. I 60 milioni in meno sono così calcolati: i 200 milioni del bonus docenti entrano nel FMOF (ma di fatto resta il Dirigente a stabilire i beneficiari). Dal FMOF vengono sottratti 80 milioni per pagare il modestissimo aumento stipendiale relativo al 2018 e 100 milioni per il 2019. Da questi 100 milioni 40 vengono sottratti per il bonus docenti "sdoganato" nel FMOF e così, se la matematica non è un'opinione, 100-40 = 60 milioni in meno per il FMOF con il quale dovranno essere incentivate anche le attività di alternanza scuola lavoro e quelle di formazione.

Quando si parla di milioni non è però facile calcolare quanto, di fatto, sia confluito e confluirà nelle tasche del singolo lavoratore del comparto scuola. Nel 2016, prima della sottoscrizione del contratto, si propagandavano 85 euro di aumento lordi mensili, nella realtà gli aumenti realmente erogati oscillano tra 4,9 e 10,8 euro lordi mensili ossia dai 16 ai 36 centesimi lordi al giorno. Per il 2017 non è andata molto meglio, con un aumento massimo di 32,7 euro lordi mensili. Si arriva al 2018 dove gli aumenti non partono dal 1° gennaio ma dal 1 marzo 2018!!! Per continuare la beffa e giungere ai promessi 85 euro si è infatti introdotto un "elemento perequativo", ossia qualche euro dato NON A TUTTI e "una tantum" che inizia il 1 marzo 2018 e si conclude il 31 dicembre 2018. Con l'elemento perequativo ed una manciata di spiccioli di aumento nella RPD (retribuzione professionale docenti) e nella CIA (compenso individuale accessorio) da marzo 2018 si arriva, più o meno, ad 85 euro. In sintesi dei 15.000 euro persi in 10 anni di mancato rinnovo contrattuale se ne recupera solo 400 ossia il 2,6%.

D'altronde c'è poco da stupirsi. Nella scuola che sempre più diventa azienda si risparmia sul lavoratore. Nell'azienda scuola i dirigenti, veri manager aziendali, fanno accordi, progetti e convenzioni con enti locali, regionali e statali. La scuola azienda (come ben si vede negli istituti professionali) fornisce con l'alternanza scuola lavoro manodopera giovanile gratis. La scuola azienda non ha bisogno di cultura e menti pensanti così si tagliano ore di storia (materia eliminata nelle prime classi degli istituti professionali) e di fisica.... Regime insegna : "*War is Peace. Freedom is Slavery. **Ignorance is Strength**.*" (1984- G. Orwell).

Bibliografia

Accame Giano, Preve Costanzo, *Dove va la destra?, Dove va la Sinistra?,* (a cura di) Boninsegni Stefano, Settimo Sigillo, 2004, Roma

Aries Philippe, Duby Georges (a cura di), *Vita Privata, il Novecento,* Laterza, Bari, 1998

Baio Ivan, *Supereroi, Araldica e simbologia dell'eroismo dai miti classici a Superman e The Authority,* Tunuè, Latina, 2006

Balducci Ernesto, Onorato Pierluigi, *Cittadini del Mondo,* Principato, Milano, 1989

Balducci Ernesto, *L'insegnamento di Don Lorenzo Milani,* Laterza, Bari 2002

Bakan Joel,(trad.it Andrea Grechi), *The Corporation.La patologica ricerca del profitto e del potere,* Fandango Libri, Roma, 2004

Bauman Zygmunt, *Dentro la Globalizzazione, le conseguenze sulle persone,* Laterza, Bari, 1999,

Benasayag Miguel, Schmit Gérard, *L' epoca delle passioni tristi,* (trad. it Eleonora Missana), Feltrinelli, Milano, 2005

Bencivinni Antonio, *Don Milani, Esperienza educativa, lingua, cultura e politica con antologia di scritti linguistici,* Armando, Roma, 2004

Bonino Silvia (a cura di), *Dizionario di psicologia dello sviluppo,* Einaudi, Torino, 1994

Boninsegni Stefano, *Dai diritti dell'Uomo ai doveri del Manager, verso un immaginario in frantumi,* in Diorama Letterario, n.256

Boninsegni Stefano, *New Economy,* Settimo Sigillo, Castello, 2003

Bosna Ernesto, *Stato e Scuola,Materiali per una storia della scuola italiana,* Cacucci, Bari, 2000

Cambi Franco, Orefice Paolo, Ragazzini Dario, *I saperi dell'educazione, aree di ricerca e insegnamento universitario,* La Nuova Italia, Firenze, 1999

Cambi Franco, *Storia della pedagogia,* Laterza, Bari, 1995

Cambi Franco (a cura di), *La tensione profetica della pedagogia, itinerari, modelli, problemi,* CLUEB, Bologna,, 2000

Cambi Franco (a cura di), *Il processo formativo tra storia e prassi, materiali d'indagine*, Liguori, Napoli, 1997

Canfora Luciano, *"E' l'Europa che ce lo chiede!Falso!*, Laterza, Bari, 2012

Cardini Franco (a cura di), *La paura e l'arroganza*, Laterza, Bari, 2002

Cardini Franco *I cantori della guerra giusta, religioni, fondamentalismi, globalizzazione*, Il cerchio, Rimini, 2002

Cavallera Hervè, *Storia dell'idea di famiglia in Italia dagli inizi dell'Ottocento alla fine della monarchia*, La scuola Brescia, 2003

Certini Rossella, Cambi Franco, *Il mito di Garibaldi: La formazione dell'immaginario popolare nell'Italia unita*, Unicopli, Milano, 2000

Chiesa Giulietto, Villari Marcello, *Superclan, Chi comanda l'economia mondiale?*, Feltrinelli, Milano, 2003

Chiosso Giorgio, *Novecento pedagogico*, La Scuola, Brescia, 1997

Chomski Noam, *Democrazia e istruzione*, EDUP, Roma.2004

Cinquini Valeria, Minelli Milla, *Con la massima sollecitudine: a scuola nell'anno delle leggi razziali*, CLUEB, Bologna, 2000

Cobalti Antonio, Globalizzazione e istruzione, Il Mulino, Bologna, 2006

Crivellari Claudio, *Professori nella scuola di massa, dalla crisi del ruolo alla formazione universitaria*, Armando, Roma, 2004

Dalla Chiesa, Nando, *La scuola di Via Pasquale Scura, appassionato elogio dell'istruzione pubblica in Italia*, Filema, Napoli, 2004

De Luna Giovanni, *Una politica senza religione*, Torino, Einaudi,2013

Diodato Emidio (a cura di), *La Toscana e la globalizzazione dal basso*, Libreria Chiari, Firenze, 2004

Di Luzio Adolfo Scotto, *Il Liceo Classico*, Il Mulino, Bologna, 1999

Fini Massimo, *Il vizio oscuro dell'Occidente, manifesto dell'antimodernità*, Marsilio, Venezia, 2002

Fiori Umberto *Tutto bene professore, croci e delizie del corpo docente*, Baldini&Castoldi, Milano, 2003

Firrao Francesco Paolo, Luciano Handjaras (a cura di), *Rinnovare la filosofia nella scuola*, Clinamen, Firenze, 2005

Fossati Marco, Luppi Giorgio, Zanette Emilio, *Storia, concetti e connessioni*, vol.3, Mondadori, Milano, 2017

Fusaro Diego, *Fichte e l'anarchia del commercio, Genesi e sviluppo del concetto di "Stato chiuso"*, Il Melangolo, Genova, 2014

Galante Garrone Alessandro, *L'Italia corrotta 1895-1996, cento anni di malcostume politico*, Editori Riuniti, Roma, 1986

Galeotti Carlo (a cura di), *Don Lorenzo Milani, L'Obbedienza non è più una virtù e gli altri scritti pubblici*, Stampa Alternativa, Roma, 2004

Gaspa Pier Luigi, Niccolai Luciano, *Per la libertà, la Resistenza nel fumetto*, Settegiorni editore, Pistoia, 2009

Genovesi Giovanni, *Schola Infelix,: Le ragioni di una sconfitta*, SEAM, Milano,1999

Genovesi Giovanni, Semeraro Angelo, *La voce della scuola 1944-1953*, Milano ETAS, 2000

Genovesi Giovanni, Cives Giacomo, Russo Paolo, *I Classici della Pedagogia*, Franco Angeli, Milano, 1999

Gentile Emilio, *Il culto del littorio, La sacralizzazione della politica nell'Italia fascista*, Laterza, Roma, 1995

Ghech Serafina (a cura di), *Il limite dell'utile, le trasformazioni in atto nella scuola italiana*, FrancoAngeli, Milano, 2001

Gibelli Antonio, *Il popolo bambino. Infanzia e nazione dalla Grande guerra a Salò*, Torino,Einaudi, 2005

Gibelli Antonio, *La grande Guerra degli italiani*, Sansoni, Milano,1998

Gibson.Janice , *Psicologia per la classe*, La Scuola, Brescia, 1986

Ginsborg Paul, Francesco Ramella, *Un'Italia Minore, Famiglia, istruzione e tradizioni civiche in Valdelsa*, Giunti, Prato, 1999

Grandi Aldo, *Gli Eroi di Mussolini, Niccolò Giani e la Scuola di Mistica fascista*, BUR, Milano, 2004

Helsby Gill, *Come cambia il lavoro degli insegnanti, bilancio della riforma scolastica in Gran Bretagna*, (trad. it. Pottini Luisa, Wittle Anna, Bientesi Fabrizio), LibriLiberi, Firenze, 2002

Hobsbawn Eric, *L'invenzione della tradizione*, Einaudi, Torino, 1987

Hobsbawn Eric, *Il secolo breve, 1914-1991*, BUR, Milano, 1997

Izzo Maurizio, *RadioCentoFiori, una radio degli anni Ottanta*, AIDA, Firenze, 2005

Klein Naomi, *No-Logo*, Baldini & Castoldi, Milano, 2001

Klein Naomi, *No-Logo, ediz. integrale*, Baldini & Castoldi, Milano, 2002

La Penna Antonio, *Sulla Scuola*, Laterza, Bari, 1999

Latouche Serge, *Come sopravvivere allo sviluppo, dalla decolonizzazione dell'immaginario economico alla costruzione di una società alternativa*, Bollati Boringhieri, Torino, 2004

Lupi Dario, *Parchi e viali della Rimembranza*, Bemporad, Firenze,1923

Mack Smith Dennis, *Italia del 20 secolo*, Rizzoli , Milano, 1978

Malinverno Angelo (a cura di), *La scuola in Italia, dalla legge Casati alla Riforma Moratti (1860-2004)*, Unicopli, Milano 2006.

Melis Guido, Varni Angelo, *Burocrazia a scuola, Per una formazione del personale pubblico nell'Otto-Novecento*, Rosemberg-Sellier, Torino, 2000

Milani Don Lorenzo, *La ricreazione*, Libreria Editrice Fiorentina, Firenze, 2007

Milani Don Lorenzo, (a cura di Carlo Galeotti), *Anche le oche sanno sgambettare*, Millelire, Viterbo, 1995

Nakamura Hayao, *Il paese del Sol Calante*, Sperling & Kupfer, Milano, 1993

Narducci Vittorio (a cura di), *Don Lorenzo Milani, ieri e oggi*, Multimedia Editore, Lecce, 2003

Nunziante Capaldo, Rondinini Luciano, *La scuola primaria, memoria, identità, prospettiva*, La Scuola, Brescia, 2000

Ottone Piero,*Saremo colonia? o forse lo siamo già*,Longanesi,Bergamo, 1997

Palla Marco, *Mussolini e il fascismo*, Giunti, 2000, Prato

Pazzaglia Luciano, *Cattolici, educazioni e trasformazioni socio-culturali in Italia tra Otto e Novecento*, La Scuola, Brescia, 1999

Pellitteri Marco, *Mazinga Nostalgia, storia, valori e linguaggi della Goldrake-generation 1978-1999*, Coniglio Editore, Foligno,2008

Pesci Furio, *L'attivismo Rimosso*, Tirrenia, Torino, 2000

Ponticiello Roberta, Scrivo Susanna (a cura di),*Con gli occhi a mandorla, sguardi sul Giappone dei cartoon*, Tunuè, Latina, 2006.

Prodi Romano, *Un'idea dell'Europa*, Il Mulino, Bologna, 1999

Qiao Liang e Wang Xiangsui, *Guerra senza limiti, L'arte della Guerra asimmetrica fra terrorismo e globalizzazione,* Trad. Rossella Bagnardi e Roberta Gefter, (a cura di) Fabio Mini, Bam, Gorizia, 2016

Ragazzini Dario, *Storia della scuola italiana*, Le Monnier, Firenze, 1990.

Renouard Yves, *Storia di Firenze*, Remo Sandron Edizioni, 1967

Resti Enrico, *L'Università Bocconi dalla fondazione ad oggi*, EGEA,Milano, 2000

Romei Piero, *Guarire dal Mal di scuola,*La Nuova Italia, Scandicci, 1999

Semeraro Angelo, *Tommaso Fiore provveditore agli studi: La ricostruzione educativa in Puglia (1943-1947)*, Piero Manni, Lecce, 2000

Simon Daniel Valentin, *Il Dizionario dei cartoni animati*, Anton, Torino, 2009

Ulivieri Simonetta, Trisciuzzi Leonardo, *Il bambino televisivo, infanzia e TV tra apprendimento e condizionamento*, Giunti e Lisciana, Petriccione, 1993

Tullio Altan Carlo, *La coscienza civile degli italiani, valori e disvalori nella storia nazionale*, Einaudi-Scuola, 2003, Milano

Vandana Shiva, *Il bene comune della terra*, Feltrinelli, Milano, 2005

Vincini Marri Noemi, Vecchi Vania, Baldini Rolando, *I giorni della Resistenza*, Editori riuniti, Roma, 1973

www.ingramcontent.com/pod-product-compliance
Lightning Source LLC
Chambersburg PA
CBHW060519290526
45791CB00001B/450